Bärbel Brütt

Jugend kocht: vollwertig

Pfiffige und preiswerte Rezepte, entwickelt und erprobt mit Schülern der Kooperativen Gesamtschule Elmshorn

Mit vielen Tips für gutes Gelingen

W0067016

GU
Gräfe und Unzer

Umschlagfotos:
Vorderseite: Oben links Eissalat mit Gänseblümchen, Rezept Seite 22; oben rechts Kräuterkuchen mit Tomatensahne, Rezept Seite 30; unten links Zucchinisalat mit Möhren und Tomaten, Rezept Seite 38; unten rechts Apfelscheiben im Kiwi-Kefir-Teich, Rezept Seite 31.
2. Umschlagseite: Der Grünkern-Auflauf mit Möhren ist leicht zuzubereiten und schmeckt einfach köstlich. Rezept Seite 45.
3. Umschlagseite: Die wichtigsten Zutaten der Vollwertküche. Nachlesen kannst du ab Seite 6.
Rückseite: Auf dem Bild oben Bärbel Brütt mit einigen Schülern. Unten links die Kartoffelsuppe mit Mangold, Rezept Seite 42, und unten rechts Gemischte Rohkost mit Avocado-Sauce, Rezept Seite 55.

CIP-Titelaufnahme der Deutschen Bibliothek

Brütt, Bärbel:
Jugend kocht: vollwertig: pfiffige und preiswerte Rezepte, entwickelt und erprobt mit Schülern der Kooperativen Gesamtschule Elmshorn; mit vielen Tips für gutes Gelingen / Bärbel Brütt. – 1. Aufl. – München: Gräfe und Unzer, 1989
(GU-Vollwert-Kochbuch) (Naturgemäß leben)
ISBN 3-7742-1247-3

1. Auflage 1989
© Gräfe und Unzer GmbH, München
Alle Rechte vorbehalten. Nachdruck, auch auszugsweise sowie Verbreitung durch Film, Funk und Fernsehen, durch fotomechanische Wiedergabe, Tonträger und Datenverarbeitungssysteme jeglicher Art nur mit schriftlicher Genehmigung des Verlages.

Redaktion: Cornelia Schinharl
Herstellung: Ulrike Laqua
Farbfotos: Susi und Pete A. Eising
Zeichnungen: Gerlind Bruhn
Umschlaggestaltung: Heinz Kraxenberger
Satz und Druck: Appl, Wemding
Reproduktionen: Brockmann GmbH
Bindung: Sellier, Freising
ISBN 3-7742-1247-3

Bärbel Brütt

ist Buchhändlerin und lebt mit ihrem Mann, zwei Töchtern und zwei Hunden in der Nähe von Hamburg. Sie gibt Kurse und Seminare für Vollwertkost, Heilkräuterkunde und Naturkosmetik an Gesamtschulen und Familienbildungsstätten. Bärbel Brütt war jahrelang im Freizeitbereich an der Gesamtschule Elmshorn tätig. Dort »erforschte« sie in vielen Kursen das Eßverhalten von Schülern und Lehrern. Mit ihren Mitarbeitern Jürgen Wiechmann und Diedrich Pape gründete sie an der Schule eine Vollwertküche, die bei den mensamüden und kochfreudigen Schülern sofort großen Anklang fand. Die Vollwertköche merkten bald, daß sie nach einer frisch zubereiteten, gesunden Mahlzeit viel leistungsfähiger und konzentrierter am Unterricht teilnahmen. Unendlich viele Rezepte wurden erfunden und dem Geschmack der Jugendlichen angepaßt.

Dankeschön

Ohne Jürgen Wiechmann und Diedrich Pape hätte ich dieses Buch nie begonnen. Und ohne meinen »Vollwertcomputer« Jörg hätte ich es sicher nie beendet. Auch allen anderen Mitdenkern, Köchen, Abschmeckern, Planern und Anpackern ein herzliches Dankeschön.

Wichtiger Hinweis

Kauf möglichst nur gereinigtes Getreide. Denn Schmutz und Unkrautsamen (vor allem Samen der giftigen Kornrade) dürfen nicht enthalten sein. Das gleiche gilt auch für das heute wieder häufiger auftretende Mutterkorn, das vor allem den Roggen befällt. Es ist ein deutlich erkennbares, schwärzliches und meist stark vergrößertes Korn. In größeren Mengen verzehrt (etwa 5 bis 10 g) ruft es lebensgefährliche Vergiftungserscheinungen hervor. Die Gefahr ist allerdings relativ gering, wenn du, wie empfohlen, gereinigtes Getreide kaufst.
Weder die Schoten noch die Samen von Hülsenfrüchten dürfen roh verzehrt werden, da erst durch ausreichendes Garen das darin enthaltene natürliche Gift, das Phasin, das ungünstig auf den Eiweißstoffwechsel wirkt, unschädlich gemacht wird. Dieses Gift wird beim Keimen nur teilweise abgebaut; auch Sojabohnenkeimlinge sollen daher nicht zu oft und grundsätzlich kurz erhitzt/blanchiert verzehrt werden.

Inhalt

Inhalt

Ein Wort zuvor

Kochbücher für Erwachsene und auch für Kinder gibt es in großer Zahl. Aber was schmeckt dir als Jugendlicher? Vielleicht lehnst du die deftige Küche deiner Mutter ab, und was dein Vater so auf den Teller zaubert, findet auch nicht immer deine Zustimmung. Die traditionellen Gerichte schmecken dir wahrscheinlich, aber diese ewige Einheitspampe kannst du nicht mehr sehen und essen schon gar nicht. Du experimentierst gerne in der Küche? Du möchtest Gerichte kochen, die schnell zuzubereiten sind, die natürlich auch gut schmecken und appetitlich aussehen sollen. Und obwohl du eigentlich kein Ökofreak bist (oder doch?), möchtest du dich gerne gesund ernähren. Aber wie sollst du anfangen? Deine Mutter wollte vielleicht schon einmal ein Vollwertgericht zubereiten, hat aber entnervt aufgegeben, weil ihr die nötigen Anregungen fehlten. Zeitaufwendige Gerichte, erhobene Zeigefinger von Kursleitern und der meckernde Nachwuchs (du?) verdarben ihr die Freude. Jetzt nimm doch du den Kochlöffel in die Hand, ergreife dieses Kochbuch und die Initiative!

Als Vollwertköstler bist du nicht gleichzeitig Vegetarier. Aber Fleisch spielt nur eine kleine Rolle als seltene Beigabe. Bei einer vollwertigen Ernährung wirst du eher satt als beim herkömmlichen Essen, denn Vollwertkost ist reich an Ballaststoffen und enthält außerdem viel mehr Vitamine sowie Mineralstoffe als »Dosenfutter« und Fast Food. Mehr Zeit für den Einkauf brauchst du auch nicht aufzuwenden. Ob du nun an den Konservenregalen entlangrennst und überlegst, was du nimmst, oder am Gemüsestand in Ruhe Frühlingszwiebeln oder Eisbergsalat wählst, das bleibt sich ziemlich gleich. Einen Naturkostladen oder ein Reformhaus gibt es in fast jedem größeren Ort. Vielleicht habt ihr eine Getreidemühle zu Hause? Wenn nicht, läßt du die gewünschte Menge im Laden mahlen.

Dieses Kochbuch ist nach Jahreszeiten aufgeteilt. Denn nichts ist frustrierender, als in einem Kochbuch zu blättern, ein tolles Rezept zu finden, und dann feststellen zu müssen, daß es im Moment beispielsweise gar keinen Grünkohl gibt. Dann bist du wieder versucht, zur Konserve zu greifen und gerade das willst du ja nicht. Gewisse Begrenzungen regen sogar die Phantasie an, jedenfalls ist es uns so gegangen. Und es ist ganz leicht, mit frischem Gemüse abwechslungsreich durch das ganze Jahr zu kommen. Das wird dir bewußt, wenn du die spannenden Rezepte der vier Jahreszeiten liest. Wie vielfältig die Vollwertküche ist, beweisen schon die brillanten Farbfotos in diesem neuen Buch der Reihe Kleine GU-Vollwert-Kochbücher. Die vielen Tips und informativen Zeichnungen sollen dir beim Vorbereiten und Kochen helfen.

Die Gerichte in diesem Buch haben Schüler und Jugendliche gekocht und so lange probiert und abgewandelt, bis es wirklich allen schmeckte. Deshalb gelingt dir bestimmt auch alles leicht, wenn du dich an die unkompliziert beschriebenen Rezepte hältst.

Ich habe nicht nur jahreszeitlich geordnet, sondern auch nach Salaten, Hauptgerichten und Desserts. So kannst du dir in der entsprechenden Jahreszeit einzelne Rezepte herauspicken. Aber du kannst auch selbst Menüs zusammenstellen. Im letzten Kapitel des Buches findest du Anregungen dafür.

Halte dich beim Zubereiten nicht zu fest an die Rezepte, befrage deinen Gaumen und deine Zunge. Mag sein, daß du es salziger, süßer oder saurer magst.

Ich wünsche dir, daß du soviel Freude am Kochen haben wirst wie wir. Und noch etwas: Vergiß um Himmels Willen den Abwasch nicht!

Deine Bärbel Brütt

Rund um die Vollwertküche

Vollwert ist wertvoll!

Uns vollwertig zu ernähren heißt, daß wir unsere Nahrung so natürlich wie möglich belassen. Durch eine schonende und auf das Notwendigste reduzierte Verarbeitung sollen in den Lebensmitteln alle Nährstoffe soweit erhalten bleiben, daß wir genügend davon aufnehmen können, um gesund zu bleiben. Das heißt nicht, daß du nur noch an rohen Möhren oder Salatblättern nagen darfst. Manche Nahrungsmittel werden sogar erst durch Garen bekömmlich, denk' zum Beispiel an Kartoffeln oder Hülsenfrüchte. Einige Lebensmittel gehören jedoch unbedingt zur Vollwerternährung:

- Getreide, roh und gequollen als Müsli, im ganzen mit Gemüse gegart oder gemahlen im Brot verbacken
- Frische Früchte, roh oder schonend gegart
- Gemüse, roh oder schonend gegart
- Milchprodukte, aber kein Joghurt mit gezuckerten Früchten
- Hülsenfrüchte, schonend zubereitet
- Keime und Sprossen, roh oder blanchiert
- Milchsaures Gemüse, selbst zubereitet oder aus dem Reformhaus
- Frische Kräuter, im Herbst und Winter auch getrocknet
- Kaltgepreßte, nicht raffinierte Öle, ungehärtete Pflanzenmargarine und Butter
- Fleisch ist für »Vollwertler« nicht verboten. Aber es soll nie Hauptbestandteil eines Essens, sondern nur Beigabe sein. Vielleicht entdeckst du ja eine gute Einkaufsquelle für Fleisch. Etwa eine Landschlachterei oder einen Biobauernhof, wo du (mit Unterstützung deiner Familie natürlich) noch Fleisch von Wiesenschweinen oder anderen Tieren kaufen kannst.

Was ist Was?

Über deine Zutaten solltest du Bescheid wissen. Deshalb hier die wichtigsten Produkte in kurzen Steckbriefen. Eine Abbildung der wichtigsten Zutaten findest du auf der 3. Umschlagseite.

Anis ist ein aromatisch süßliches, wunderbar duftendes Kuchen- und Brotgewürz aus der Familie der Doldenblütler. Anis gibt es ganz als Samen und gemahlen.

Buchweizen ist ein asiatisches Knöterichgewächs, das nicht in die Getreidefamilie gehört. Buchweizen wird als ganzes Korn oder geschrotet für Grütze, Aufläufe und Salate verwendet, gemahlen für Pfannkuchen, Waffeln und Torten.

Cardamom sind die Samenkörner einer Pflanze, die mit der Ingwerpflanze zur selben Familie gehört. Er ist meist nur gemahlen erhältlich. Wird oft für die Weihnachtsbäckerei verwendet, paßt mit seinem scharfen zitronenähnlichen Aroma aber auch zu vielen Süßspeisen.

Carob ist das Mehl aus den Kernen der Johannisbrotbaumfrucht. Es ist wie Kakao zu verwenden und auch ähnlich im Geschmack, allerdings wesentlich fettärmer und wirkt auch nicht anregend wie Kakao, der den Wirkstoff Theobromin enthält. Deshalb wird in der Vollwertküche für Kinder oft Carob statt Kakao verwendet. Du kannst es für die Gerichte in diesem Buch statt Kakao nehmen.

Cashewkerne sind nierenförmig und die Steinfrüchte des Acajou- oder Cashewbaumes, der ursprünglich aus Südamerika stammt. Die im Geschmack an Mandeln erinnernden Kerne schmecken an Süßspeisen, Salaten und chinesischen Pfannengerichten.

Crème fraîche und Schmand Crème fraîche ist sehr dicke saure Sahne mit 30–40% Fettgehalt und eine sehr edle Zutat für Salate, Saucen und

Desserts. Schmand ist genauso zu verwenden, hat aber nur 20–24% Fettgehalt und ist etwas preisgünstiger.

Gemüsebrühe wird aus Gemüse, Kräutern, Gewürzen, Salz und Hefeextrakt ohne Knochen- oder Fleischzusätze hergestellt und ist gekörnt und zu Würfeln gepreßt erhältlich. Probiere aus, welche Sorte dir am besten schmeckt.

Gewürznelken sind die Blütenknospen des Nelkenbaumes und ganz oder gemahlen erhältlich. Gewürznelken waren früher ein sehr kostbares Gewürz, sie schmecken an Gebäck, zu Süßspeisen und vertragen sich gut mit Zimt.

Grünkern ist das grüne, unreif geerntete Korn des Dinkels, der eine uralte Kulturform des Weizens ist. Grünkern wird bei etwa 120° gedörrt. Das geschieht auf großen Röst- und Trockenvorrichtungen, die Darren heißen. Deshalb sagt man gedarrt statt gedörrt. Grünkern erhält durch das Darren seinen unverwechselbar aromatisch-würzigen Geschmack.

Hafer verdient es nicht, nur als Flocke gegessen zu werden, denn er ist sehr reich an Vitamin B$_1$, dem Nervenvitamin. Haferbrei gehörte jahrhundertelang zu Recht fast täglich zur Mahlzeit. Hafermüsli als Fit- und Muntermacher vor der Schule ist also ideal für dich. Aber auch gekocht wie Reis ist er eine köstliche Beilage zu Gemüse.

Hirse zählt zu den ältesten Kulturpflanzen. Sie wird heute hauptsächlich in Asien, Afrika und Südamerika angebaut. Bei uns sind die kleinen gelben Kügelchen inzwischen sehr beliebt. Hirse wird als Süßspeise, als Suppeneinlage oder wie ein Risotto zubereitet.

Ingwer ist die Wurzelknolle einer tropischen Lilienart. Ingwer ist frisch als Knolle oder gemahlen erhältlich. Die scharf-aromatisch schmeckende Wurzel ist Bestandteil vieler Gewürzmischungen für Kleingebäck und Liköre, schmeckt aber auch in vielen Süßspeisen besonders gut.

Kichererbsen wachsen an einer widerstandsfähigen, buschartigen Pflanze und stammen wahrscheinlich aus Vorderasien. Inzwischen sind sie jedoch im gesamten Mittelmeerraum verbreitet. Kichererbsen gewinnen in der Vollwerternährung immer mehr an Bedeutung, da sie hochwertiges pflanzliches Eiweiß enthalten. Kichererbsen sind sehr hart und brauchen eine lange Einweich- und Kochzeit. Diese Hülsenfruchtart verträgt sich wegen ihres neutralen Geschmacks mit vielen Gemüsesorten und fast allen Kräutern.

Koriander sind kleine getrocknete Früchtchen einer zarten Doldenpflanze aus dem Mittelmeerraum. Koriander ist ganz und gemahlen erhältlich. Sein feinwürziges Aroma paßt ausgezeichnet zu Gebäck, Brot, Süßspeisen und jungem Gemüse.

Milchsaures Gemüse Ein milchsaures Gemüse, das jeder kennt, ist Sauerkraut. Durch die schonende Milchsäuregärung lassen sich allerdings auch viele andere Gemüsesorten in Stein- oder Gärtöpfen einlegen. Das Gemüse ist im Geschmack frisch säuerlich, außerdem wesentlich gesünder und bekömmlicher als in Essiglösung eingelegtes Gemüse. Milchsaures Gemüse gibt's im Reformhaus, es sei denn, du legst es selbst ein.

Muskatnuß ist die getrocknete Steinfrucht des Muskatbaumes, der von den Südseeinseln stammt. Muskatnuß schmeckt blumig scharf und sollte möglichst frisch gerieben und vorsichtig dosiert werden. Muskat verfeinert Weihnachtsgebäck und ist außerdem ein klassisches Gewürz für Blumenkohl, zarten Kohlrabi und helle Saucen.

Obstessig ist ein milder fruchtiger Essig, der aus Äpfeln hergestellt wird. Er wird von »Essigmuffeln« wegen seines frischen Geschmacks bevorzugt. Du kannst aber statt dessen jeden guten Weinessig, eventuell mit Früchten wie Himbeeren aromatisiert, verwenden.

Pfeffer, schwarz und weiß Schwarzer Pfeffer ist die ungeschälte, unreif geerntete Beere des Pfefferstrauches, im Geschmack würzig und kräftig scharf. Weißer Pfeffer ist der Kern der reifen Beere, im Geschmack aromatisch und fein scharf.

Piment sind die getrockneten, unreifen Beeren des tropischen Nelkenpfefferbaumes. Piment gibt es ganz oder gemahlen zu kaufen. Man findet ihn in vielen Wurstzubereitungen und in Lebkuchen. Ein scharf aromatisches Gewürz, das wieder mehr verwendet werden sollte.

Rosinen Es gibt die dunkelfarbigen kalifornischen, die oft Weinbeeren genannt werden und die hellfarbigen Sultaninen oder Sultanas, die aus der Türkei, aus Griechenland oder Australien stammen. Achte darauf, daß du auf jeden Fall ungeschwefelte Rosinen bekommst.

Sesamsamen sind die Samen des Sesamkrautes. Sie sind geschält und ungeschält erhältlich und bereichern mit ihrem zarten nußähnlichen Geschmack süße und pikante Speisen.

Sojasauce ist eine japanische Zubereitung aus Sojabohnen, Quellwasser und Meersalz. Der Gärungsprozeß in Fässern dauert mehrere Jahre. Eine schonende Zubereitung ist allerdings nicht immer der Fall. Achte deshalb beim Kauf darauf, daß du entweder die Sorten Tamari oder Shoyu erhältst. Sojasauce gibt Salaten, Saucen und Pfannengerichten eine leckere Würze.

Vanille ist die längliche Kapselfrucht einer Kletterorchidee aus Mexico. Die Vanille kommt fermentiert und getrocknet als ganze Schote oder als Vanillepulver auf den Markt. Das zarte blumige Aroma der Vanille entfaltet sich besonders gut in warmen Speisen.

Weizen nimmt unter allen Getreidearten die größte Anbaufläche ein, ist also die bedeutendste Getreideart. Weizen hat einen milden Geschmack und eignet sich wegen seines hohen Gehaltes an Kebereiweiß hervorragend zum Backen. Aber auch geschrotet im Müsli oder als ganze gekochte Körner findet das Vitamin-B_1-reiche Getreide vielseitige Verwendung.

Wilder Reis ist eigentlich kein Reis, sondern der Samen einer wildwachsenden Grasart, die aus den sumpfigen Gegenden Nordamerikas stammt. Wilder Reis wird mit der Hand geerntet, deshalb ist er sehr teuer. Er hat einen kräftigen, erdigen Geschmack.

Zimt ist ein Gewürz aus alten Zeiten. Die ganzen Stangen sind die Rindenstücke des Zimtlorbeerbaumes. Die Anbaugebiete der verschiedenen Zimtsorten befinden sich auf Ceylon, Java oder in China. Zimt ist erhältlich als ganze Rindenstücke oder gemahlen. Er verfeinert Desserts, Gebäck, Obstsuppen und Mehlspeisen.

Honig ist süß!
Und was süßt noch?

Was Honig ist, weißt du! Ein süßes, dickflüssiges oder festes, manchmal kristallines Lebensmittel, das von Bienen erzeugt wird. Sie nehmen Blütennektar auf, bereichern ihn mit körpereigenen Sekreten und speichern ihn in Waben, wo er bis zur Verarbeitung durch den Imker reift. Es gibt viele verschiedene Honigsorten. Zum Süßen verwendest du am besten eine neutral schmeckende Sorte wie Sommerblütenhonig oder Akazienhonig. Über 40° erhitzt, verliert der Honig Vitamine und Enzyme, ist aber durch seinen Mineralstoffgehalt immer noch gesünder, als der zu Recht verschriene Zucker, ein leeres Kohlenhydrat und Dickmacher. Gerade das Enzym Inhibin, das erst in den letzten Jahren im Honig gefunden wurde, ist ein wichtiger Bestandteil des Honigs. Er hemmt Bakterien und wirkt daher antibiotisch. Honig im Übermaß genossen, macht allerdings auch dick, und Karies verursacht er genauso wie Zucker. Zu hoher Zuckergenuß kann zu Vitamin-B_1-Mangel führen. Vitamin B_1 ist ein wichtiges Nervenvitamin, das die Konzentrationsfähigkeit fördert. Zucker kann vermutlich bei überhöhtem Genuß Konzentrationsstörungen hervorrufen.

Statt mit Honig kannst du auch mit zerkleinerten **Trockenfrüchten** zum Beispiel Müsli, Brei und Obstsalat süßen. Die natürlich gespeicherte Süße von Backpflaumen, Trockenaprikosen, Rosinen, getrockneten Apfelringen, Datteln und Feigen bereichert so manches Dessert. Und pur und nicht zu reichlich genascht, sind sie eine relativ gesunde Leckerei.

Ahornsirup ist der eingedickte Saft von wildwachsenden kanadischen Ahornbäumen. Er ist vitamin- und mineralstoffhaltig und besonders lecker für süße Buchweizengerichte und einige besondere Desserts. Wenn dir die Anschaffung von Ahornsirup zu teuer ist, kannst du ebensogut flüssigen Honig verwenden.

Zuckerrohrgranulat (unter den Bezeichnungen Ursüße und Sucanat im Handel) ist der getrocknete Pflanzensaft aus Zuckerrohr, der noch die ursprünglichen Vitamine und Mineralstoffe des Pflanzensaftes enthält. Dieses leicht nach Malz schmeckende Süßmittel ist allerdings auch nicht ganz preisgünstig.

Und dann gibt es noch **Apfel- und Birnendicksaft,** erhältlich im Reformhaus oder Bioladen. Das sind Konzentrate aus eingedicktem Fruchtsaft, die allerdings durch das Einkochen die Vitamine verloren haben. Mineralstoffe sind aber noch in Spuren vorhanden. Sparsam verwendet, sind sie eine schmackhafte Abwechslung. Ich habe jedoch in den Rezepten auf die Verwendung von Dicksaft verzichtet, damit du nicht so viele Zutaten anschaffen mußt, um die Gerichte auszuprobieren.

Warum ist das Öl raffiniert?

Sicher hast du schon gehört, daß du nur hochwertige Öle verwenden solltest, nämlich kaltgepreßte und nicht raffinierte Öle. Kaltgepreßt und nicht raffiniert sollte auch auf der Ölflasche stehen. Nur so kannst du sicher sein, daß das Öl noch viele wertvolle Stoffe enthält. Aus Ölfrüchten, zum Beispiel Leinsamen, Raps, Oliven, Traubenkernen oder Sonnenblumenkernen wird durch kalte Pressung das Öl gewonnen, das wir als kaltgepreßt oder auch kaltgeschlagen bezeichnen, und das noch alle Vitalstoffe enthält, die auch in den reifen Ölsaaten vorkommen.

Durch diese Art der Ölgewinnung bleiben allerdings Ölrückstände in den Ölsaaten. Die Industrie machte sich daran, Verfahren zu entwickeln, um auch die Restöle aus den Ölsaaten herauszulösen, zu extrahieren. Das geschieht mit starken Lösungsmitteln. Diese müssen aber natürlich auch wieder aus dem Öl entfernt werden. Und so muß das Öl noch eine Reihe von Maßnahmen über sich ergehen lassen: Destillation, Filtration, Bleichung und Desodorierung, bis es dann geschönt endlich in Flaschen gefüllt wird. Das ist raffiniertes Öl! Die meisten Vitalstoffe sind längst verloren gegangen und es bleiben eventuell sogar noch Restbestände von Lösungsmitteln im Öl.

Wir verwenden in unseren Rezepten nur kaltgepreßtes Sonnenblumen- und Olivenöl. Zuviele Ölsorten solltest du am Anfang nicht anschaffen. Das verwirrt nur, und Öl ist auch nicht unbegrenzt haltbar.

Sonnenblumenöl ist geschmacksneutral und relativ preiswert in der Anschaffung. Für einige rustikale Salate und Gerichte ist allerdings Olivenöl unentbehrlich.

Verwende ansonsten zur Zubereitung der Gerichte nur Butter oder eine Pflanzenmargarine aus ungehärteten Fetten, die du in jedem Reformhaus kaufen kannst.

Was brauchst du zum Start?

In jeder Küche findest du sicher Kochtöpfe und Rührschüsseln in verschiedenen Größen, und auch an Hackbrettern ist bestimmt kein Mangel. Kochlöffel, Suppenkellen, Dessertschälchen, eine Auflaufform, ein Sieb und eine Küchenwaage, das ist sicher alles da. Aber sieh doch bitte einmal in die Messerschublade! Du brauchst unbedingt richtige und scharfe Messer:

• 1 Küchenmesser zum Gemüseputzen und Schälen von Obst, Kartoffeln, Gurken und anderen Zutaten.
• 1 Officemesser zum Zerkleinern und Würfeln von Gemüse und zum Schälen harter Gemüseknollen und um Blattgemüse und Salate in feine Streifen zu schneiden.
• 1 großes Hackmesser zum Zerteilen von großen Gemüseknollen, zum Hacken von Nußkernen, Kräutern und Blattgemüse.
Vielleicht hast du sogar noch einen Messerschärfer gefunden. Das wäre toll, denn stumpfe Messer verderben einem wirklich die Freude am Zubereiten.
Außerdem brauchst du noch:
• 1 Sparschäler zum Schälen von Möhren, Kartoffeln und Spargel.

Für eine zeit- und nervensparende Vorbereitung der Zutaten sind vor allem gute Messer und eventuell ein Messerschärfer wichtig.

• 1 Rohkostreibe. Oder habt ihr sogar einen elektrischen Rohkostraspler?
• 1 elektrisches Handrührgerät (ein fürchterlicher Name für dieses Gerät).
• 1 Stabmixer. Dieses Gerät hat nun nicht unbedingt jeder zu Hause. Der Stabmixer ist ein Zusatzgerät für das elektrische Handrührgerät, er läßt sich daran anschrauben. Zum Pürieren kannst du den Stabmixer direkt in die Suppe oder Sauce halten und brauchst die Masse nicht extra in einen Mixer umzuschütten. Den Stabmixer gibt es inzwischen auch als Einzelgerät mit eigenem Motor. Wenn ihr einen Mixer habt, geht das Pürieren natürlich auch damit. Es ist nur mit etwas mehr Mühe verbunden.

Wie du Gemüse putzt

Vielleicht denkst du im ersten Moment, Gemüse putzen kann ja jeder. Aber es gibt doch viele nützliche Tips und Hinweise, wie du einige Gemüsesorten problemlos, schnell und sicher (denk' an deine Finger) vorbereitest. Und da du vielleicht ein Kochneuling bist, weißt du wahrscheinlich auch nicht, wie eine Lauchstange geputzt wird. Tröste dich und stell dir vor, was ich schon alles bei Hobbyköchen gesehen habe! Richtiges Putzen, Waschen und Zerkleinern von Gemüse ist unerläßlich, denn es spart Zeit und Mühe. Deine Nerven (und die deiner Mitköche und Mitesser) werden geschont, wenn du weißt, welche Handgriffe zu tun sind.
Ob du eine Schürze brauchst, mußt du selbst entscheiden. Auf jeden Fall brauchst du aber scharfe Messer.

Chinakohl
1. Den Chinakohl von den äußeren unansehnlichen Blättern befreien. Wenn er sehr verschmutzt ist, kurz unter fließendem Wasser abspülen.

2. Den Chinakohl mit einem großen Messer längs halbieren.

3. Danach den Stielansatz keilförmig herausschneiden.

4. Die Chinakohlhälften mit der Schnittfläche nach unten auf ein Brett legen. Die benötigte Menge mit einem kleinen Messer in feine Streifen oder größere Stücke schneiden. Die Blätter werden quer zu den Adern geschnitten, das ist am einfachsten. Verwende auch die fleischigeren Blattstrünke.

5. Einen angeschnittenen Chinakohl kannst du, in ein feuchtes Tuch eingeschlagen, 2–3 Tage im Gemüsefach des Kühlschranks aufbewahren.

Eissalat

1. Von dem Eissalat die äußeren verschmutzten, unansehnlichen Blätter ablösen.

2. Den Eissalat halbieren und mit der Schnittfläche nach unten auf ein Brett legen. Mit einem scharfen Messer in grobe oder feine Streifen schneiden.

3. Den angeschnittenen Eissalat kannst du, in ein feuchtes Tuch eingeschlagen, 2–3 Tage im Gemüsefach des Kühlschranks aufbewahren.

Fenchel

1. Die Fenchelknolle gründlich waschen.

2. Die Stiele mit dem Fenchelgrün sowie den Wurzelansatz abschneiden. Die äußere Blattschicht entfernen, wenn sie sehr faserig ist und viele braune Stellen aufweist. Den Strunk, falls er sehr zäh ist, herausschneiden.

3. Die Fenchelknolle halbieren und zum Dünsten in dünne Scheiben schneiden. Für Rohkostsalate die Scheiben stifteln oder würfeln.

4. Das Fenchelgrün nie wegwerfen, sondern hacken und frisch über die Fenchelgerichte streuen.

Kohl (Weißkohl, Rotkohl und Wirsing)

1. Von dem Kohl die äußeren Blätter entfernen.

2. Den Kohl mit einem großen scharfen Messer vierteln und den harten Strunk herausschneiden.

3. Die Kohlviertel mit einem Küchenmesser in feine oder gröbere Streifen schneiden oder auf der Rohkostreibe hobeln.

4. Den angeschnittenen Kohlkopf kannst du, in ein feuchtes Tuch eingeschlagen, 2–3 Tage im Gemüsefach des Kühlschranks aufbewahren.

Kohlrabi

1. Beim Kohlrabikauf solltest du immer darauf achten, daß die Knolle noch ein paar grüne Herzblätter besitzt. Auch der zarteste Kohlrabi wird holzig, wenn er zu lange liegt.

2. Den Kohlrabi, falls er verschmutzt ist, unter fließendem Wasser abspülen.

3. Von oben eine dünne Scheibe mit den Herzblättern abschneiden. Die zarten Blätter später hacken und über das Kohlrabigericht streuen. Sie enthalten beinahe mehr Inhaltsstoffe als die Knolle selbst.

4. Den Kohlrabi wie einen Apfel schälen. Holzige Stellen herausschneiden.

5. Den Kohlrabi in dicke Scheiben zerteilen und anschließend stifteln oder in dünne Scheiben schneiden. Oder für Rohkostsalate auf der Rohkostreibe grob raspeln.

Kürbis

1. Den Kürbis mit einem großen Messer halbieren.

2. Je nachdem, wieviel du brauchst, zuerst nur eine Hälfte noch einmal halbieren und in schmale Spalten zerteilen.

3. Die Kerne mit den Fasern mit einem scharfen Löffel gründlich herauskratzen oder herausschneiden.

4. Die Kürbisspalten mit einem scharfen Messer schälen. Anschließend in gleichmäßige Stücke

zerteilen oder für Rohkost auf der Rohkostreibe grob raspeln.

5. Wenn du einen Kürbis gekauft oder geschenkt bekommen hast, solltest du dir immer mehrere Rezepte zum Ausprobieren bereitlegen. Einen angeschnittenen Kürbis solltest du innerhalb von 2 Tagen verbrauchen. Die Schnittstellen vom Kürbis mit einem feuchten Tuch abdecken und den Kürbis kühl lagern.

Lauch/Porree

1. Von der Lauchstange die dunkelgrünen Blattenden und die Wurzelverdickung abschneiden.
2. Die Lauchstange vom grünen Ende her kreuzweise bis zur Mitte einschneiden oder die Stange der Länge nach halbieren.
3. Die Stangenteile gründlich unter fließendem Wasser abspülen und dabei weit auseinanderbiegen, damit der Lauch von festsitzender Erde und von Sand befreit wird.
4. Die Lauchstange auf ein Brett legen und mit einem scharfen Messer in dünne Streifen schneiden. Die grünen Blatteile sind oft sehr herb, scharf und zäher als die weiße Stange, diese deshalb sehr fein schneiden.

Mangold

1. Von der Mangoldstaude den Wurzelansatz abschneiden. Jedes einzelne Mangoldblatt besonders gründlich waschen, da sich in den krausen Blättern und Stengelrippen oft Erde und Schmutz festsetzen.
2. Die Stiele von den Blättern trennen, von braunen Stellen befreien und in sehr kleine Stücke schneiden. Die Mangoldblätter in Streifen schneiden.
3. Die zerkleinerten Stiele und Blätter je nach Rezept garen oder in sehr feinen Streifen beziehungsweise gehackt als Rohkost verwenden.
4. Übriggebliebene Mangoldblätter in ein feuchtes Tuch einschlagen und bis zum nächsten Tag im Kühlschrank aufbewahren.

Möhren und Pastinaken

1. Verschmutztes Wurzelgemüse mit einer harten Bürste unter fließendem Wasser kräftig abbürsten.
2. Das grüne Kraut und die Wurzelschwänzchen abschneiden, braune und verwurmte Stellen mit einem spitzen Küchenmesser ausstechen.
3. Die Möhren schaben oder noch besser mit einem Sparschäler schälen. Bei den Pastinaken mit ihrem unregelmäßigen Wuchs muß wohl das Küchenmesser nachhelfen.
4. Das Gemüse, wie im Rezept beschrieben, weiterverarbeiten.
5. Möhren und Pastinaken halten sich, in ein feuchtes Tuch eingeschlagen, mehrere Tage im Gemüsefach des Kühlschranks. Aber auch in einem kühlen Keller oder einer Speisekammer lassen sie sich gut lagern.

Paprikaschoten

1. Die Paprikaschoten, ob rot, grün oder gelb gründlich waschen.
2. Anschließend längs halbieren und die Stielansätze herausschneiden.
3. Die Trennhäute und alle Kerne entfernen. Vergiß keinen Kern! Es kommt vor, daß die Kerne scharf wie Pfeffer sind.
4. Die Schotenhälften in schmale Streifen schneiden und anschließend würfeln. Dazu die Paprikahälften am besten mit der Innenseite nach oben auf das Schneidebrett legen, da das Messer besser ins Paprikafleisch als in die ledrige Haut schneidet.
5. Bleibt mal eine Paprikahälfte übrig, kannst du sie in ein feuchtes Tuch einschlagen, ins Gemüsefach des Kühlschranks legen und am nächsten oder übernächsten Tag weiterverwenden.

Spargel

1. Grüner Spargel ist oberirdisch gewachsen und hat die Sonne gesehen. Weißer Spargel ist bleich, weil er in dunklen Erdwällen wächst. Bei-

de Spargelsorten müssen gründlich gewaschen und von der unteren holzigen Schnittstelle befreit werden.

2. Vom dünnen grünen Spargel brauchst du nur das dunkelgrüne Ende zu schälen (am besten mit einem Sparschäler).

3. Weißen Spargel mußt du mit einem Sparschäler oder einem sehr scharfen Messer bis auf den Spargelkopf ganz schälen.

4. Beide Sorten im Ganzen oder in mundgerechte Stücke zerteilt kochen.

Spinat

1. Den Spinat verlesen, das heißt, unansehnliche Blätter entfernen. Die übrigen Spinatblätter von den groben Stengeln befreien.

2. Reichlich Wasser ins Spülbecken laufen lassen. Den Spinat mit den Händen gründlich durchwaschen, dabei aber die Blätter nicht quetschen. Das Wasser, je nach Verschmutzungsgrad des Spinats, mehrere Male erneuern.

3. Den Spinat zum Abtropfen in ein ausreichend großes Sieb geben.

4. Den Spinat danach, wie im Rezept beschrieben, weiterverarbeiten.

Stangen- oder Staudensellerie

1. Die Staude unter fließendem Wasser gründlich abspülen.

2. Das Wurzelende abschneiden, so daß sich die Blattstengel voneinander lösen.

3. Das Selleriegrün ebenfalls abschneiden und die im Rezept angegebene Menge hacken und weiterverwenden.

4. Von den äußeren Blattstengeln eventuell vorhandene grobe Fasern von unten nach oben zwischen Daumen und Messerklinge abziehen.

5. Mit einem scharfen Messer die Blattstengel in gröbere oder schmale Stücke schneiden.

6. Den restlichen Sellerie in ein feuchtes Tuch einschlagen und 2–3 Tage im Gemüsefach des Kühlschranks aufbewahren.

Steckrübe

1. Die Steckrübe mit einer harten Bürste unter fließendem Wasser vom Schmutz befreien.

2. Den Stielansatz mit einem großen scharfen Messer flach abschneiden, damit die Rübe auf dem Holzbrett einen festen Stand hat. Oft bekommst du die Rübe schon angeschnitten zu kaufen.

3. Die Rübe auf die Schnittstelle legen und mit dem großen Messer etwa 1 cm dicke Scheiben abschneiden. Nicht zu viel abschneiden! Vielleicht brauchst du nicht die ganze Rübe!

4. Jede Rübenscheibe schälen. Die geschälten Rübenscheiben in lange Stifte oder mundgerechte Würfel zerteilen. Oder für Rohkost auf der Rohkostreibe fein oder grob raspeln.

5. Den Rest der Rübe in ein feuchtes Tuch einschlagen und im Gemüsefach des Kühlschranks 2–3 Tage aufbewahren, bis du das nächste Rübenrezept ausprobieren willst.

Tomaten

1. Die Tomaten in ein Sieb geben und gründlich abspülen.

2. Die Tomaten halbieren und mit einem scharfen Messer den Stengelansatz keilförmig herausschneiden. Er enthält Solanin, das in Mengen genossen, giftig wirken kann.

3. Dunkelgrüne Kerne, die in manchen Tomaten zu finden sind, durch leichtes Zusammendrükken der Tomatenhälfte entfernen. Die grünen Kerne enthalten ebenfalls Solanin.

4. Für Salate oder andere Gerichte die Tomaten vierteln, achteln oder in Scheiben schneiden. Die großen Fleischtomaten in mundgerechte Stücke zerteilen. Tomaten kannst du am besten mit einem kleinen Sägemesser schneiden.

Zucchini

1. Kleine Zucchini sollten nur 125 bis höchstens 250 g wiegen. Die Zucchini waschen und vom Stiel- und Blütenansatz befreien.

2. Die Zucchini für Suppen, Salate und Pfannen-
gerichte ungeschält in dünne Scheiben schneiden, würfeln oder stifteln, für Rohkost auf der
Rohkostreibe grob raspeln.
3. Große ausgewachsene Zucchini haben eine
sehr harte Schale, die geschält werden sollte.
Die Zucchini vorher in Stücke zerteilen. Die
Stücke halbieren und die Kerne mit einem
scharfen Löffel gründlich herauskratzen.
4. Das Fruchtfleisch kann, in Würfel geschnitten,
als Gemüse gedünstet werden.
5. Außerdem wird Zucchini wie Zukkini aus-
gesprochen und nicht wie Zutschini!

Sprossen und Keime
Dein Minitreibhaus im Marmeladenglas
Bild Seite 72

In einigen Rezepten verwende ich Sprossen
oder Keime, meist von Alfalfa, Rettich, Mungobohne oder Weizen. Außerdem kannst du auch
Senf, Kresse, Sonnenblumenkerne, Roggen,
Linsen, Kichererbsen und noch viele andere
Saaten keimen lassen. Jede Sorte ist auf ihre
Art köstlich. Aber ich glaube, wir bleiben erst
einmal bei den vier zuerst erwähnten Sorten. Ich
finde, die sind für den Anfang am unproblema-
tischsten zum Keimen zu bringen. Es ist ein fas-
zinierender Anblick, wenn nach wenigen Tagen
aus den trockenen Samen plötzlich kleine Keime hervorschießen, die du auch noch essen
kannst. Inzwischen sind Sprossen und Keime in
Feinkostläden, Reformhäusern, Körnerläden
oder sogar schon Supermärkten, meist jedoch
in Folie eingeschweißt, erhältlich. Viel frischer
und knackiger schmecken sie selbstgezüchtet,
und das Keimen ist wirklich ganz einfach und
macht wenig Arbeit. Und deine Gerichte werden
durch Sprossen und Keime vielseitiger und
vitaminhaltiger.

Im Handel gibt es inzwischen viele hilfreiche
Keimgeräte, wie den Biosnacky oder den Ton-
keimer. Doch die brauchst du zu Anfang bestimmt nicht, vielleicht sogar nie.

Die Dinge, die du benötigst, sind:
- ein Marmeladen- oder Weckglas
- ein starkes Gummiband (Weckring)
- ein passendes Stück Kunststoffgaze oder
Mull
- eine kleine Auswahl an Saaten, nämlich:
Alfalfa, Rettich, Mungobohne und Weizen.
Kaufe dir die Saaten im Reformhaus oder Körnerladen in der kleinsten Menge, die du bekommen kannst. Die Keimsaaten gibt es nämlich
lose zu kaufen. Wichtig ist, daß die Saaten auf
Schadstoffe hin untersucht sind. Kaufe deshalb
nie in einem Geschäft für Gartenbedarf. Diese
abgepackten Saaten sind meist gebeizt und
vorbehandelt, um sie vor Schädlingsbefall zu
schützen. Im Reformhaus oder Körnerladen
kannst du dir auch die anderen Saaten betrach-
ten, die du vielleicht später einmal, wenn du ein
erfahrener Keimer geworden bist, in deinem
Minitreibhaus züchten möchtest. Die gekauften
Saaten bewahrst du am besten in einer gut ver-
schließbaren Dose (Teedose) auf. Wenn die
Saaten dunkel und trocken stehen, bleiben sie
mindestens 1 Jahr keimfähig.

Und nun der Keimvorgang:
- Säubere zuerst dein Marmeladenglas gründ-
lich und lege dir Weckring und die zugeschnitte-
ne Kunststoffgaze bereit.
- Wähle dir eine Sorte der Saaten aus, zum
Beispiel Alfalfa.
- Fülle etwa 1 Eßlöffel Alfalfasamen in das Glas.
- Lasse leicht lauwarmes Wasser in das Glas
laufen, so daß es etwa halbvoll ist.
- Alfalfa, Rettich, Mungobohne und Weizen
vorher einweichen (siehe Seite 15). Dann
keimen sie nachher schneller.

Rund um die Vollwertküche

- Nach der Einweichzeit das Wasser durch die Gaze ablaufen lassen. Am besten in die Blumengießkanne! Deine Pflanzen werden sich freuen.
- Frisches leicht lauwarmes Wasser durch die Gaze auf die Samen gießen. Das Glas mit dem Inhalt gut durchschwenken. Das Wasser wieder abgießen (Blumengießkanne).
- Stelle das Glas am besten über Kopf schräg auf einen Teller, damit das restliche Wasser auch wirklich ablaufen kann und die Sprossen nicht zu faulen beginnen. Nach einigen Stunden drehst du das Glas um. Wenn es einmal so stehen bleibt, ist es auch nicht schlimm.
- Mindestens einmal, am besten aber zweimal am Tag sollten deine Sprossen wie beschrieben gespült werden. Durch diese Prozedur werden sie gereinigt und beginnen, bedingt durch die Feuchtigkeit, zu keimen.
- Das Glas an einen hellen, warmen Ort stellen. Aber nicht in die pralle Sonne! 21° ist die beste Keimtemperatur.
- Deine Saaten brauchen also Licht, Luft und Feuchtigkeit. Wenn du ihnen diese Bedingungen geschaffen hast, kannst du nach 4–5 Tagen die frischeste Kost der Welt direkt aus deinem Minitreibhaus ernten!

Und hier die wichtigsten Daten der vier Saaten:

Alfalfa (Luzerne)
1–2 Stunden einweichen.
1–2mal täglich spülen.
Ernte nach 3–5 Tagen.
1 Eßlöffel Samen ergibt 1 Tasse Sprossen.
Geschmack: nussig, aromatisch.

Rettich
1–2 Stunden einweichen.
1–2mal täglich spülen.
Ernte nach 3–5 Tagen.
1 Eßlöffel Samen ergibt 5–6 Eßlöffel Sprossen.
Geschmack: pfeffrig, pikant.

Mungobohnen
6–12 Stunden (über Nacht) einweichen.
2–3mal täglich spülen.
Ernte nach 4–5 Tagen.
1 Eßlöffel Samen ergibt 4–5 Eßlöffel Sprossen.
Geschmack: knackig, nussig.

Weizen
6–12 Stunden (über Nacht) einweichen.
2–3mal täglich spülen.
Ernte nach 3 Tagen.
1 Eßlöffel Samen ergibt 3 Eßlöffel Sprossen.
Geschmack: süßlich herb.

Wenn du das 1. Einweichen einmal vergißt, spülst du die Saaten mehrere Male mit lauwarmen Wasser kräftig durch. So geht's auch, aber Grundsubstanzen im Samen werden durch Einweichen schneller aktiviert. Solltest du an einem Tag das Durchspülen einmal vergessen haben und die Sprossen leicht säuerlich muffig riechen, dann hilft kräftiges Durchspülen (mehrmals hintereinander) mit lauwarmem Wasser. Nach dem Spülen sollte der säuerliche Geruch völlig verschwunden sein.

Sprossen enthalten die Vitamine B_1, B_2, B_6, B_{12}, C, E, Proteine und Mineralstoffe. Außerdem beinhalten sie alle wachstumsbestimmenden Substanzen in einer Menge, in der sie im späteren Pflanzenleben nie wieder vorkommen. Du kannst also mit Sprossen eine hohe Konzentration von Nahrungsenergie aufnehmen. Wenn du keines der Rezepte ausprobieren möchtest, kannst du die Sprossen auf eine gebutterte Scheibe Brot streuen und eventuell noch etwas salzen. Auch als Dekoration auf Salaten und Suppen sind Sprossen eine hübsche, leckere und sehr gesunde Beigabe. Weizen- und Alfalfasprossen schmecken ganz toll im Obstsalat! Möchtest du ein perfekter Keimer werden? In den Buchhandlungen findest du viel fachkundige Literatur über Sprossen und Keime.

Im Frühling

Spätestens, wenn die ersten Krokusse blühen, bekommen wir ein Frühlingsempfinden. Wir hoffen auf warme Sonnenstrahlen, auf Vogelgezwitscher und auf bunte Wiesen. Angespornt durch frisches Grün, schillernde Käfer und fleißige Bienen macht unsere Frühlingsphantasie große Sprünge. Wenn du einen Sprung in die Vollwertküche wagen willst, soll dieser enthusiastische Hüpfer nicht durch Sprüche deiner Familienmitglieder und Freunde gedämpft werden, die etwa meinen, im Frühling gäbe es ja noch gar nichts Tolles an Gemüse und Obst.

Hier ist eine Liste, was es gibt, wenn auch manches aus dem Treibhaus stammt:

Ananas, Äpfel, Avocados, Bananen, Champignons, Chinakohl, Eissalat, Feldsalat (Rapunzel), Fenchel, Frühlingszwiebeln, Grapefruits, Kiwis, Kohlrabi, Kohl (weiß und rot), Kopfsalat, Lauch, Möhren, Pastinaken, Radieschen, rote Beten, Spargel, Sellerie, Steckrüben, Spinat, Tomaten, Zitronen und Zwiebeln.

Salate

Ein frühlingsfrischer, bunter Salat gibt dir neuen Schwung – für deine Schularbeiten oder für den Abwasch.

Feldsalat mit Schafkäse

Bild nebenstehend

Feldsalat (Rapunzel) ist ein sehr vitaminreicher Salat, der in unseren Breitengraden überwintert.

Zutaten für 4 Personen:
250 g Feldsalat (Rapunzel) · 70 g Schafkäse ·
4 mittelgroße Tomaten oder 2 Fleischtomaten ·
1 rote Zwiebel (zur Not tut's auch 1 weiße)

Für die Sauce:
1 Eigelb · 5 Eßl. kaltgepreßtes, nicht raffiniertes Olivenöl · 2 Eßl. Obstessig · ½–1 Teel. flüssiger Honig oder 1 Teel. Zuckerrohrgranulat · einige Prisen Salz · schwarzer Pfeffer, frisch gemahlen
Pro Person etwa 830 kJ/200 kcal
5 g Eiweiß · 18 g Fett · 4 g Kohlenhydrate ·
2 g Ballaststoffe

Zubereitungszeit: etwa 25 Minuten

● Den Feldsalat in ein Sieb geben, unter fließendem Wasser gründlich waschen und gut abtropfen lassen. Die kleinen Wurzeln so abschneiden, daß die Rosetten nicht auseinanderfallen.
● Den Schafkäse würfeln oder zerbröseln. Die Tomaten gründlich waschen, halbieren, den Stengelansatz herausschneiden und die Tomaten achteln. Die Zwiebel schälen und in Scheiben schneiden. (Aber wenn du die Zwiebel würfelst, schmeckt's auch.)
● Diese Salatzutaten in einer großen Schüssel sehr vorsichtig vermengen.
● Für die Sauce das Eigelb und das Olivenöl mit einem Schneebesen cremig schlagen. Den Obstessig und den Honig oder das Zuckerrohrgranulat hineinrühren.
● Die Sauce mit dem Salz und Pfeffer abschmecken und über den Salat gießen.
● Den Salat nicht noch einmal vermengen und am besten sofort servieren.

Feldsalat kannst du am Anfang des Frühlings auf dem ▷ Wochenmarkt oder beim Gemüsehändler kaufen. Mit Schafkäse und Tomaten wird ein köstlicher Salat daraus. Rezept auf dieser Seite.

Im Frühling

Roher grüner Spargelsalat

Schmeckt das überhaupt? Diese Frage beantworte ich gar nicht. Ich sage nur: ausprobieren!

Zutaten für 4 Personen:
Für die Sauce:
3 Eßl. Obstessig · ½–1 Teel. flüssiger Honig oder Zuckerrohrgranulat · einige Prisen Salz · schwarzer Pfeffer, frisch gemahlen · 4 Eßl. kaltgepreßtes, nicht raffiniertes Sonnenblumenöl
Für den Salat:
600 g grüner Spargel · 50 g Alfalfasprossen (Seite 15) oder Kresse
Pro Person etwa 440 kJ/100 kcal
3 g Eiweiß · 10 g Fett · 3 g Kohlenhydrate · 3 g Ballaststoffe

Zubereitungszeit: etwa 20 Minuten
Zeit zum Durchziehen: etwa 5 Minuten

● Für die Sauce den Obstessig, den Honig oder das Zuckerrohrgranulat, das Salz und Pfeffer in einer großen Schüssel verschlagen.
● Das Sonnenblumenöl hinzufügen und rühren, bis die Sauce leicht cremig ist.
● Das Abschmecken nicht vergessen.
● Für den Salat die grünen Spargelstangen unter fließendem Wasser gut abspülen und etwas abtropfen lassen. Mit einem scharfen Messer oder einem Sparschäler nur das untere hellgrüne Ende dünn schälen. Die dunkelgrüne Spitze ist zart und braucht nicht geschält zu werden.

◁ Gemüseputzen ist ganz einfach (von links nach rechts): Vom Sellerie die Fasern abziehen, grüne Tomatenkerne durch Zusammendrücken entfernen, grünen Spargel nur am unteren Ende schälen, von Chinakohl den Strunk herausschneiden, Lauch vor dem Waschen kreuzweise einschneiden, von Paprikaschoten die Trennwände entfernen. Die Anleitungen findest du ab Seite 10.

Die Stangen in Streifen schneiden, in die Sauce geben und alles gut vermengen.
● Den Salat nur 5 Minuten ziehen lassen! Wenn roher Spargel zu lange steht, verliert er sein Aroma und wird gummiartig.
● Die Alfalfasprossen oder die Kresse kurz abspülen und unter den Salat mengen.

Tip: Dieser Salat schmeckt auch mit weißem Spargel, den du allerdings von der Spitze bis zum Ende ganz schälen mußt. Das macht natürlich mehr Arbeit. Wir haben diesen Salat einmal ganz spontan mit 100 g geschälten Krabben »veredelt«. Es war ein Hochgenuß! Du mußt 200–250 g ungeschälte Krabben kaufen.

Weißkohlsalat mit vielen Farben

Mit überwintertem Weißkohl kannst du im Nu diesen leckeren gesunden Salat zubereiten, der obendrein auch noch eine Augenweide ist.

Zutaten für 4–6 Personen:
350–400 g Weißkohl, geputzt (Seite 11) · je 1 rote, gelbe und grüne Paprikaschote · 2 kleine Essiggurken oder milchsaure Gurken (Reformhaus) · 1 kleine Zwiebel
Für die Sauce:
3 Eßl. Obstessig · 1 Teel. flüssiger Honig oder Zuckerrohrgranulat · einige Prisen Salz · weißer Pfeffer, frisch gemahlen · 6 Eßl. kaltgepreßtes, nicht raffiniertes Sonnenblumenöl
Bei 6 Personen pro Person etwa 520 kJ/120 kcal
2 g Eiweiß · 10 g Fett · 6 g Kohlenhydrate · 3 g Ballaststoffe

Zubereitungszeit: etwa 25 Minuten
Zeit zum Durchziehen: etwa 20 Minuten

- Den geputzten Weißkohl auf der Rohkostreibe fein raspeln und in eine stabile Steingut-
oder Metallschüssel geben. Den Kohl mit einem
Fleischklopfer oder der Faust stampfen, bis er
glasig wird. Der Kohl wird dadurch saftiger, mür-
ber und bekömmlicher.
- Die Paprikaschoten gründlich waschen, längs
halbieren, die Stielansätze herausschneiden
und die Kerne und Trennhäute entfernen. Die
Paprikaschoten in kleine Würfel schneiden. Die
Essiggurken ebenfalls würfeln. Die Zwiebel
schälen und würfeln.
- Die Paprika-, die Zwiebel- und die Gurken-
würfel zum Kohl geben.
- Für die Sauce den Obstessig mit dem Honig
oder dem Zuckerrohrgranulat, dem Salz und
Pfeffer verschlagen.
- Das Sonnenblumenöl hinzufügen und rühren,
bis die Sauce leicht cremig ist.
- Das Abschmecken nicht vergessen.
- Die Sauce über die Salatzutaten gießen und
untermengen.
- Den Salat etwa 20 Minuten ziehen lassen.

Tip: Dieser Salat hält sich 1–2 Tage im Kühlschrank. Du kannst ihn also rechtzeitig für
deine Fete vorbereiten.

Grapefruitsalat mit Sonnenblumenkernen

Zutaten für 4 Personen:
300 g Chinakohl, geputzt (Seite 10) ·
2 Grapefruits · 4 Eßl. Sonnenblumenkerne
oder Cashewkerne
Für die Sauce:
200 g Sahne · 2–3 Teel. flüssiger Honig oder
Zuckerrohrgranulat · etwa 4 Eßl. aufgefangener
Grapefruitsaft · 1 Prise Salz ·
etwa 20 Melisseblätter

Pro Person etwa 1100 kJ/260 kcal
5 g Eiweiß · 21 g Fett · 11 g Kohlenhydrate ·
2 g Ballaststoffe

Zubereitungszeit: etwa 20 Minuten

- Den Chinakohl in dünne Streifen schneiden.
Die Grapefruits über einer kleinen Schüssel mit
einem sehr scharfen Messer wie einen Apfel
schälen. Dabei auch die weiße Fruchthaut mit
abschälen. Den Grapefruitsaft in der kleinen
Schüssel auffangen. Die geschälten Grapefruits
auf einen flachen Teller legen. Die Früchte zuerst in dicke Scheiben, dann in mundgerechte
Stücke schneiden.

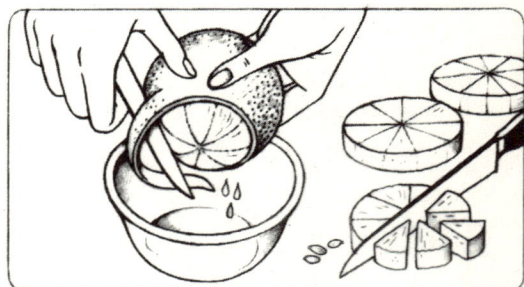

Die Grapefruit mit einem scharfen Messer wie einen
Apfel schälen. Dabei über eine kleine Schüssel halten,
um den Saft aufzufangen.

- Den beim Schneiden herausgeflossenen Saft
ebenfalls in die kleine Schüssel geben.
- Den Chinakohl, die Grapefruitstückchen und
die Sonnenblumen- oder Cashewkerne in einer
großen Schüssel vermengen.
- Für die Sauce die Sahne und den Honig oder
das Zuckerrohrgranulat zu dem Grapefruitsaft
geben und gut unterrühren. Die Sauce mit dem
Salz abschmecken.
- Die Melisseblätter waschen und trockentupfen, 10 Blättchen fein hacken. Die gehackte
Melisse in die Sauce rühren.

- Die Sauce über den Salat gießen. Alle Zutaten vorsichtig vermengen.
- Den Salat mit den übrigen 10 Melisseblättern garnieren.

Chinakohlsalat mit Champignons

Klassenzimmerkreation

Als unsere Versuchsküche in der Schule erweitert wurde, mußten wir vorübergehend in ein Klassenzimmer ausweichen. Eigentlich müßte der Salat Katastrophensalat heißen!

Zutaten für 4 Personen:
Für die Sauce:
200 g saure Sahne · 2–3 Eßl. Obstessig ·
1 Eßl. milder Senf · 1–2 Teel. flüssiger Honig
oder Zuckerrohrgranulat · knapp ½ Teel. Salz ·
schwarzer Pfeffer, frisch gemahlen ·
4 Eßl. kaltgepreßtes, nicht raffiniertes Olivenöl
Für den Salat:
250 g Chinakohl, geputzt (Seite 10) · 2 kleine
Zwiebeln · 2 kleine süßliche Äpfel (zum Beispiel
Cox Orange) · 100 g Champignons · 40 g Ha-
selnußkerne · 1 Kästchen Kresse (20–30 g)
Pro Person etwa 1300 kJ/310 kcal
5 g Eiweiß · 27 g Fett · 13 g Kohlenhydrate ·
4 g Ballaststoffe

Zubereitungszeit: etwa 25 Minuten

- Für die Sauce die saure Sahne, den Essig, den Senf, den Honig oder das Zuckerrohrgranulat, das Salz und Pfeffer in einer großen Schüssel mit einem Schneebesen verschlagen.
- Das Olivenöl gründlich unterrühren.
- Das Abschmecken nicht vergessen.
- Für den Salat den geputzten Chinakohl in feine Streifen schneiden. Die Zwiebeln schälen und würfeln.
- Die Äpfel sehr gründlich waschen, vierteln, vom Kerngehäuse befreien und ungeschält in kleine Würfel schneiden. Die Champignons unter kaltem Wasser abbrausen, Schmutzteilchen mit einer weichen Bürste entfernen, eventuell braune Stellen herausschneiden. Die Champignons in feine Scheiben schneiden.
- Die Haselnußkerne auf ein Brett schütten und mit einem großen Messer grob hacken.
- Diese Salatzutaten in die große Schüssel geben und vorsichtig mit der Sauce vermengen. Die Kresse mit einer Schere oder einem scharfen Messer aus dem Kästchen schneiden und über den Salat streuen.

Tip: Kresse im Kästchen gibt es im Supermarkt oder auf dem Wochenmarkt zu kaufen. Vielleicht hast du aber sogar selbstgezogene Kresse auf der Fensterbank oder im Garten. Dann nimmst du 20–30 g, das sind 3–4 Eßlöffel. Wenn du keine Kresse bekommst, schmeckt der Salat auch mit gehackter Petersilie.

Sauerkrautsalat mit Frühlingskräutern

Zutaten für 4 Personen:
500 g Sauerkraut · 2 kleine Zwiebeln ·
3 kleine Gewürzgurken oder milchsaure Gurken
(Reformhaus) · 1 rote Paprikaschote ·
4 Eßl. Sonnenblumenkerne
Für die Sauce:
½ Tasse Sauerkrautsaft oder naturtrüber Apfel-
saft · ½ Teel. Salz · weißer oder schwarzer
Pfeffer, frisch gemahlen · 6 Eßl. kaltgepreßtes,
nicht raffiniertes Sonnenblumenöl · etwa 50 g
gemischte Kräuter (zum Beispiel Petersilie,
Schnittlauch, Dill und Kerbel)

Pro Person etwa 1400 kJ/330 kcal
7 g Eiweiß · 29 g Fett · 9 g Kohlenhydrate ·
6 g Ballaststoffe

Zubereitungszeit: etwa 20 Minuten

● Das Sauerkraut mit den Händen ausdrücken,
so daß du etwa ½ Tasse Sauerkrautsaft ge-
winnst, den du zur Seite stellst. Das Sauerkraut
locker auseinanderzupfen und in eine große
Schüssel geben.
● Die Zwiebeln schälen und in feine Würfel
schneiden. Die Gewürzgurken ebenfalls würfeln. Die Paprikaschote gründlich waschen,
längs halbieren, Stielansätze herausschneiden
und die Kerne und Trennhäute entfernen. Die
Paprikaschote in kleine Würfel oder Streifen
schneiden.

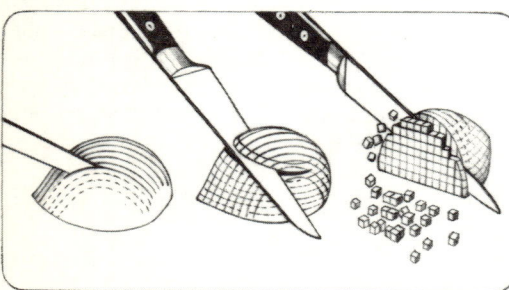

Um Zwiebeln in sehr feine Würfel zu schneiden,
nimmst du am besten ein scharfes Messer mit möglichst dünner Klinge.

● Diese Zutaten zusammen mit den Sonnenblumenkernen zum Sauerkraut in die Schüssel
geben.
● Für die Sauce den Sauerkraut- oder den
Apfelsaft mit dem Salz und Pfeffer verschlagen.
● Die Kräuter gründlich waschen, trockenschütteln und von den groben Stengeln befrei-
en. Die Kräuter fein hacken und unter die Sauce
mischen.

● Die Sauce über den Sauerkrautsalat gießen
und alles gut vermischen.

Tip: Sauerkraut aus der Dose mußt du gründlich
auseinanderzupfen, weil es fest in die Dose gepreßt wurde. In diesem Falle verwendest du für
die Salatsauce Apfelsaft. Wenn du das Sauerkraut frisch und lose beim Händler kaufst,
kannst du die nötige Flüssigkeit herausdrücken.
Wenn du gerne süß ißt, schmeckt dir die Salatsauce mit 1–2 Teelöffeln flüssigem Honig oder
Zuckerrohrgranulat vielleicht besser.

Eissalat mit Gänseblümchen

Le Printemps
Bild Umschlag-Vorderseite

Ein Gericht, das einen französischen Namen
trägt, muß etwas Besonderes sein! Le Printemps heißt: der Frühling. Für die Gänseblümchen möchte ich eigentlich keine Alternative an-
bieten; dieser Salat muß so zubereitet werden!
Sicher findest du auf einem Stück ungequältem
Rasen ein paar Gänseblümchenknospen und
-blätter; sie blühen den ganzen Frühling und
Sommer hindurch. Die aufgeblühten Gänseblümchen sind allerdings nur zur Verzierung.
Sie schmecken dir sicher etwas zu pelzig.

Zutaten für 4 Personen:
400 g Eissalat, geputzt (Seite 11) ·
1 Bund Radieschen (das sind 10–12 Stück) ·
4 Eßl. Gänseblümchenblätter und -knospen
Für die Sauce:
2 Eßl. Obstessig · ½–1 Teel. flüssiger Honig
oder Zuckerrohrgranulat · einige Prisen Salz ·
weißer Pfeffer, frisch gemahlen · 4 Eßl. kaltge-
preßtes, nicht raffiniertes Sonnenblumenöl
Zum Garnieren:
etwa 10 Gänseblümchenblüten

Pro Person etwa 450 kJ/110 kcal
2 g Eiweiß · 10 g Fett · 2 g Kohlenhydrate ·
2 g Ballaststoffe

Zubereitungszeit: etwa 20 Minuten

● Den Eissalat in feine Streifen schneiden. Die Radieschen waschen, von den Blattstielen und Wurzeln befreien und in Scheiben oder Stifte schneiden. Die Gänseblümchenblätter und -knospen gründlich waschen und abtropfen lassen.
● Diese Salatzutaten in eine Schüssel geben und vorsichtig vermengen.
● Für die Sauce den Obstessig, den Honig oder das Zuckerrohrgranulat, das Salz und Pfeffer mit einem Schneebesen verschlagen.
● Das Sonnenblumenöl hinzufügen und rühren, bis die Sauce leicht cremig ist.
● Das Abschmecken nicht vergessen.
● Die Sauce über den Salat gießen und alles sehr vorsichtig vermengen.
● Den Salat mit den Gänseblümchenblüten bestreuen und sofort servieren.

Spannender Tomatensalat

Für diesen Salat brauchst du Sauerampfer vor der Blüte; die beste Zeit zum Pflücken ist März und April – selbstverständlich nur auf unbelasteten Wiesen. Doch auch auf vielen Wochenmärkten wird im Frühling Sauerampfer angeboten. Wenn du keinen Sauerampfer bekommst, kannst du auch die gleiche Menge Spinat verwenden. Das ergibt eine andere Geschmacksrichtung, ist aber immer noch sehr spannend.

Zutaten für 4 Personen:
2 Fleischtomaten oder 4 kleine Tomaten ·
2 kleine Zwiebeln · 200 g Eissalat, geputzt

(Seite 11) · 50 g Sauerampfer oder Spinat ·
20 g ungehäutete Mandeln
Für die Sauce:
2 Eßl. Obstessig · 1 Eßl. Sojasauce ·
½ Teel. flüssiger Honig oder ½–1 Teel. Zuckerrohrgranulat · einige Prisen Salz · schwarzer Pfeffer, frisch gemahlen · 3 Eßl. kaltgepreßtes, nicht raffiniertes Olivenöl
Pro Person etwa 550 kJ/130 kcal
3 g Eiweiß · 11 g Fett · 6 g Kohlenhydrate ·
4 g Ballaststoffe

Zubereitungszeit: etwa 25 Minuten

● Die Tomaten gründlich waschen, halbieren, den Stengelansatz entfernen und die Tomaten in Scheiben oder mundgerechte Stücke schneiden. Die Zwiebeln schälen, halbieren und in Scheiben schneiden. Den Eissalat in feine Streifen schneiden.
● Den Sauerampfer oder den Spinat gründlich waschen, von den groben Stengeln befreien und abtropfen lassen.
● Die Mandeln mit einem scharfen Messer halbieren.
● Diese Salatzutaten vorsichtig in einer großen Schüssel vermengen.
● Für die Sauce den Obstessig, die Sojasauce, den Honig oder das Zuckerrohrgranulat, das Salz und Pfeffer mit einem Schneebesen verschlagen.
● Das Olivenöl hinzufügen und rühren, bis die Sauce leicht cremig ist.
● Das Abschmecken nicht vergessen.
● Die Sauce über den Salat gießen.
● Den Salat nicht nochmals vermengen, sondern am besten sofort servieren, sonst wird der Sauerampfer schlaff und unansehnlich.

Tip: Wenn du keine Sojasauce in der Küche findest, nimm statt dessen je ½ Eßlöffel Obstessig und Olivenöl.

Löwenzahnsalat mit Käse und Möhren

Für alle wilden Esser

Löwenzahn pflückst du am besten im April vor der Blüte. Die Blätter sind dann noch sehr zart. Du kannst Löwenzahn an einer Stelle, zu der Hunde keinen Zugang haben und niemand in der Nähe sein Feld gespritzt hat, sammeln oder ihn im Garten anbauen. Doch auch auf vielen Wochenmärkten gibt es ihn zu kaufen.

Zutaten für 4 Personen:
200 g Eissalat, geputzt (Seite 11) · 50 g junge Löwenzahnblätter · 80 g mittelalter Gouda · 4 kleine Möhren (etwa 200 g) · 4 Eßl. Walnußkerne
Für die Sauce:
3 Eßl. Obstessig · ½–1 Teel. flüssiger Honig oder Zuckerrohrgranulat · einige Prisen Salz · weißer oder schwarzer Pfeffer, frisch gemahlen · 6 Eßl. kaltgepreßtes, nicht raffiniertes Sonnenblumenöl
Pro Person etwa 1200 kJ/290 kcal
8 g Eiweiß · 27 g Fett · 5 g Kohlenhydrate · 3 g Ballaststoffe

Zubereitungszeit: etwa 20 Minuten

• Den Eissalat in feine Streifen schneiden. Die Löwenzahnblätter sehr gründlich waschen, von den groben Stengeln und unansehnlichen Blättern befreien und in mundgerechte Stücke reißen oder schneiden.
• Die eventuell vorhandene Rinde vom Gouda abschneiden. Den Käse würfeln.
• Die Möhren gründlich waschen, mit einem Sparschäler schälen und in feine Scheiben oder Stifte schneiden. Die Walnußkerne auf ein Brett schütten und mit einem großen Messer grob hacken.

• Diese Salatzutaten vorsichtig in einer großen Schüssel vermengen.
• Für die Sauce den Obstessig, den Honig oder das Zuckerrohrgranulat, das Salz und Pfeffer mit einem Schneebesen verschlagen.
• Das Sonnenblumenöl hinzufügen und rühren, bis die Sauce leicht cremig ist.
• Das Abschmecken nicht vergessen.
• Die Sauce über den Salat gießen und alles gut vermengen. Den Salat am besten sofort servieren.

Tip: Es muß nicht Eissalat sein! Du kannst auch die gleiche Menge Chinakohl oder Kopfsalat verwenden. Und statt mittelaltem Gouda eignet sich auch eine andere kräftige Käsesorte oder sogar Schafkäse. Schmeckt dir Löwenzahn zu herb? Dann nimm Sauerampfer oder Spinat!

Möhren-Lauch-Salat

Knabenrohkost

Diesen Salat haben wir Knabenrohkost genannt, weil er besonders bei den jugendlichen Männern Begeisterung hervorrief. Aber selbstverständlich schmeckt er auch weiblichen Rohkostrasplern.

Zutaten für 4 Personen:
Für die Sauce:
Saft von 1 unbehandelten Zitrone · 1–2 Teel. flüssiger Honig oder Zuckerrohrgranulat · einige Prisen Salz · 2 Eßl. kaltgepreßtes, nicht raffiniertes Sonnenblumenöl
Für den Salat:
5 Möhren (250–300 g) · 2 zarte Stangen Lauch · 2 mittelgroße säuerliche Äpfel (zum Beispiel Boskop oder Glockenapfel)
Zum Garnieren:
2 Eßl. Walnußkerne oder Haselnußkerne

Pro Person etwa 750 kJ/180 kcal
3 g Eiweiß · 11 g Fett · 17 g Kohlenhydrate ·
4 g Ballaststoffe

Zubereitungszeit: etwa 20 Minuten
Zeit zum Durchziehen: 10–15 Minuten

• Für die Sauce den Zitronensaft, den Honig
oder das Zuckerrohrgranulat und das Salz in einer großen Schüssel mit einem Schneebesen
verschlagen.
• Das Sonnenblumenöl hinzufügen und rühren,
bis die Sauce leicht cremig ist.
• Das Abschmecken nicht vergessen!
• Für den Salat die Möhren waschen, mit dem
Sparschäler schälen und auf einer Rohkostreibe
grob raspeln. Von den Lauchstangen die dunkelgrünen Blatteile und die Wurzelverdickung
abschneiden. Den Lauch vom hellgrünen Ende
kreuzweise bis zur Mitte einschneiden. Danach
unter fließendem Wasser gründlich abspülen.
Die Stangenteile dabei weit auseinander biegen,
damit alle Schmutzteilchen entfernt werden. Die
Lauchstangen in sehr dünne Ringe schneiden.
• Die Äpfel sehr gründlich waschen, vierteln,
vom Kerngehäuse befreien und ungeschält in
kleine Würfel oder Schnitze schneiden.
• Alle Zutaten zur Sauce in die große Schüssel
geben und gut vermengen.
• Den Salat 10–15 Minuten ziehen lassen.
• Die Walnußkerne oder Haselnußkerne auf ein
Brett schütten und mit einem großen Messer
grob hacken.
• Die Nußkerne erst kurz vor dem Servieren
über den Salat streuen.

Tip: Wenn du es eilig hast, schmeckt der Salat
auch ohne Durchziehzeit.

Hauptgerichte

Während andere sich beim Frühjahrsputz aus-
toben, wirst du in der Küche kreativ.

Gewagte Wegerich-Möhren-Suppe

So gewagt ist diese Suppe eigentlich gar nicht.
Wir haben jedenfalls noch niemanden erlebt,
dem sie nicht geschmeckt hat. Spitzwegerich
kannst du nicht kaufen, sondern findest ihn im
April/Mai auf Rasengrundstücken und an Weg-
rändern. Du solltest ihn immer vor der Blüte verwenden. Wenn du allerdings keine Lust hast,
mit dem Bestimmungsbuch auf Wegerichjagd
zu gehen, schmeckt diese Suppe auch mit Spinat, Mangold oder Sauerampfer ganz phanta-
stisch. Für diese Blattgemüse gilt: gründlich
waschen, abtropfen lassen und von den groben
Stengeln befreien.

Zutaten für 4 Personen:
10 kleine Möhren (etwa 500 g) · 2 Handvoll
Spitzwegerich oder Spinat (etwa 100 g) ·
4 Knoblauchzehen · 3 Eßl. Butter (60 g) ·
1 Eßl. Sesamsamen · 1 Eßl. gemahlener Korian-
der · 1 Teel. Currypulver · ½ l Wasser ·
1 Eßl. gekörnte Gemüsebrühe · 450 g Joghurt ·
150 g Crème fraîche · einige Prisen Salz ·
weißer Pfeffer, frisch gemahlen
Pro Person etwa 1600 kJ/380 kcal
8 g Eiweiß · 33 g Fett · 15 g Kohlenhydrate ·
5 g Ballaststoffe

Vorbereitungszeit: etwa 15 Minuten
Garzeit: etwa 10 Minuten

• Die Möhren gründlich waschen, mit dem
Sparschäler schälen und auf der Rohkostreibe

grob raspeln. Den Spitzwegerich oder Spinat ebenfalls gründlich waschen, von den groben Stengeln befreien und grob hacken.

● Die Knoblauchzehen schälen, in kleine Würfel schneiden und mit einem Messerrücken zerdrücken.

● Die Butter in einem großen Kochtopf zerlassen.

● Die Möhrenraspel, den Spitzwegerich oder den Spinat, den Knoblauch, den Sesam, den Koriander und den Curry dazugeben und etwa 1 Minute unter ständigem Rühren andünsten.

● Das Wasser dazugießen und die gekörnte Gemüsebrühe gründlich unterrühren.

● Die Suppe bei schwacher Hitze im geschlossenen Kochtopf nur 5 Minuten garen.

● Die Suppe vom Herd nehmen. Den Joghurt und die Crème fraîche mit einem Schneebesen hineinrühren.

● Die Suppe noch einmal vorsichtig erhitzen, aber auf keinen Fall kochen lassen! Dann mit dem Salz und Pfeffer abschmecken.

Brennessel-Grünkern-Suppe

Wie Elke sie mag

Durch diese Grünkernsuppe ist Elke zum Vollwertfan geworden.

Zutaten für 4 Personen:
1 kleine Zwiebel · 1 Knoblauchzehe ·
150 g Brennesseln · 2 Eßl. Butter (40 g) ·
100 g Grünkernschrot · knapp 1 l Wasser ·
2 Eßl. gekörnte Gemüsebrühe · 200 g Sahne ·
einige Prisen Salz · schwarzer Pfeffer, frisch
gemahlen · 1 Messerspitze Muskatnuß, frisch
gerieben
Pro Person etwa 1400 kJ/330 kcal
5 g Eiweiß · 25 g Fett · 21 g Kohlenhydrate ·
2 g Ballaststoffe

Vorbereitungszeit: etwa 25 Minuten
Garzeit: 12–14 Minuten

● Die Zwiebel schälen und würfeln. Die Knoblauchzehe ebenfalls schälen, in kleine Würfel schneiden und mit einer Messerklinge zerdrükken.

● Die Brennesseln mit Gummihandschuhen sehr gründlich waschen, von den groben Stengeln befreien, abtropfen lassen und fein hacken.

Die Brennesseln mit Gummihandschuhen waschen, damit du dir nicht die Finger verbrennst. Dann mit einem Wiegemesser hacken.

● Die Butter in einem großen Kochtopf zerlassen.

● Die Zwiebel, den Knoblauch, die Brennesseln und den Grünkern dazugeben und unter ständigem Rühren etwa 2 Minuten andünsten.

● Das Wasser angießen, die gekörnte Gemüsebrühe hinzufügen und mit dem Schneebesen gut umrühren.

● Die Suppe im geschlossenen Kochtopf bei schwacher Hitze 10–12 Minuten garen. Dabei ab und zu umrühren, damit der Grünkernschrot nicht am Topfboden ansetzt!

● Dann den Kochtopf vom Herd nehmen. Die Sahne unter die Suppe rühren und diese mit dem Salz, Pfeffer und dem Muskat pikant abschmecken.

Tip: Natürlich kannst du statt Brennesseln die gleiche Menge Spinat oder Mangold verwenden (Seite 12/13). Das ergibt eine völlig andere Geschmacksrichtung. Brennesseln sind unvergleichlich aromatisch und vitaminreich! Du solltest nur die jungen zarten Brennesseltriebe im April/Mai pflücken.

Gemüsesuppe

Spring' ins Feld

Spring' ins Feld und hol' dir frisches Gemüse und aromatische Kräuter. Ich schlage einige Gemüsesorten vor, die es im Frühling gibt. Du kannst auch nur eine Sorte verwenden. Die Putzanleitungen für die verschiedenen Gemüsesorten findest du ab Seite 10.

Zutaten für 4 Personen:
1 Bund Frühlingszwiebeln (etwa 250 g) · 500 g Gemüse (Möhre, Steckrübe, Lauch, Knollensellerie, Pastinake oder Fenchel), geputzt · 120 g Hirse · 1 l Wasser · 2 Eßl. gekörnte Gemüsebrühe · 1 Eßl. kaltgepreßtes, nicht raffiniertes Sonnenblumenöl · 50 g Petersilie oder Liebstöckel (etwa 1 Bund) · 5 Eßl. Sojasauce oder Möhrensaft · eventuell noch einige Prisen Salz
Pro Person etwa 770 kJ/180 kcal
7 g Eiweiß · 4 g Fett · 30 g Kohlenhydrate · 6 g Ballaststoffe

Vorbereitungszeit: etwa 25 Minuten
Garzeit: etwa 15 Minuten

● Die Frühlingszwiebeln unter fließendem Wasser abspülen. Das Grün von den Zwiebeln trennen, in kleine Röllchen schneiden und zur Seite legen. Das äußere Häutchen der Frühlingszwiebeln abziehen und die Frühlingszwiebeln in dünne Scheiben schneiden.

● Das Gemüse nach Anleitung putzen und in sehr kleine Würfel schneiden.
● Die Hirse in ein Sieb schütten und unter fließendem kaltem Wasser gründlich abspülen.
● In einem großen Kochtopf das Wasser mit der gekörnten Gemüsebrühe und dem Sonnenblumenöl zum Kochen bringen.
● Die Frühlingszwiebeln ohne das Grün, das gewürfelte Gemüse und die gewaschene Hirse in die kochende Brühe geben.
● Die Suppe bei schwacher Hitze zugedeckt etwa 15 Minuten garen.
● Die Petersilie oder den Liebstöckel waschen trockenschleudern, von den groben Stengeln befreien und hacken.
● Den Kochtopf vom Herd nehmen.
● Die Suppe mit der Sojasauce oder dem Möhrensaft und eventuell noch etwas Salz abschmecken.
● Kurz vor dem Servieren die gehackte Petersilie und die Frühlingszwiebelröllchen unter die Suppe rühren.

Wildgewordene Reispfanne im Frühlingskleid

Bild Seite 53

Dies ist ein ganz edles Gericht! Statt teurem Fleisch kannst du dir sicher 100 g teuren wilden Reis leisten. Er schmeckt unverwechselbar und mit Spargel ist er ein Geschmackserlebnis!

Zutaten für 4 Personen:
Für den Reis:
½ l Wasser · ½ Teel. Salz · 100 g Rundkorn-Naturreis · 100 g Wilder Reis
Außerdem:
500 g grüner Spargel (es kann auch weißer sein) · ¼ l Wasser · einige Prisen Salz ·

Im Frühling

je ½ Bund Petersilie und Schnittlauch (40 g) ·
2 kleine Zwiebeln · 2 Eßl. Butter (40 g) · einige
Prisen Salz · weißer Pfeffer, frisch gemahlen
Pro Person etwa 580 kJ/140 kcal
7 g Eiweiß · 9 g Fett · 31 g Kohlenhydrate ·
4 g Ballaststoffe

Zubereitungszeit: etwa 1 Stunde

● Für den Reis das Wasser mit dem Salz zum
Kochen bringen.
● Den Naturreis und den Wilden Reis in ein
Sieb geben und kalt abspülen.
● Beide Reissorten ins kochende Wasser geben und zugedeckt bei schwacher Hitze etwa
30 Minuten garen.
● Nach der Kochzeit ist fast das ganze Wasser
verkocht. Wenn dir der Reis noch zu bißfest ist,
läßt du ihn auf der ausgeschalteten Herdplatte
noch etwa 10 Minuten weiterquellen. Anschließend in einem Sieb abtropfen lassen.
● Während der Reis kocht, den grünen Spargel
waschen und schälen. Beim grünen Spargel
werden nur die hellgrünen Enden mit dem Sparschäler geschält. Die dunkelgrüne obere Hälfte
ist zart.
● Das Wasser für den Spargel mit dem Salz
zum Kochen bringen.
● Die Spargelstangen hineingeben und bei
schwacher Hitze im geschlossenen Topf
10–15 Minuten garen.
● Die Petersilie waschen, trockenschütteln, von
den groben Stengeln befreien und fein hacken.
Den Schnittlauch waschen, trockenschütteln
und in Röllchen schneiden. Die Zwiebeln schälen und würfeln.
● Nun müßten Reis und Spargel gar sein.
● Den Reis in ein Sieb schütten und abtropfen
lassen.
● Die Butter in einer großen Pfanne zerlassen.
● Die Zwiebeln darin glasig andünsten. Den abgetropften Reis dazugeben.

● Den Spargel mit einer Schaumkelle aus dem
Spargelwasser fischen und ebenfalls in die
Pfanne geben.
● Alles noch einmal kurz erhitzen. Dabei sehr
vorsichtig wenden, sonst zerfällt der Spargel.
Eventuell noch 2–4 Eßlöffel von dem Spargel-
wasser hinzufügen.
● Die Reispfanne mit dem Salz und Pfeffer ab-
schmecken. Die Kräuter vorsichtig unterheben!
● Wenn du das alles gemeistert hast, wartet
nach dem Essen eine Menge Abwasch auf dich!

✗ Vollkornnudeln mit Möhren-Käse-Sauce

Zutaten für 4 Personen:
1½ l Wasser · ½ Teel. Salz · 1 Eßl. kaltgepreßtes, nicht raffiniertes Sonnenblumenöl ·
250 g Vollkornnudeln
Für die Sauce:
2 kleine Möhren (100 g) · 100 g junger Gouda ·
50 g Frühlingskräuter (Petersilie, Schnittlauch,
Dill, Kerbel) · 2 Eßl. Butter (40 g) ·
3 gehäufte Eßl. Weizenvollkornmehl ·
¼ l Milch · ¼ l Wasser · 1 Eßl. gekörnte Gemüsebrühe · einige Prisen Salz · weißer oder
schwarzer Pfeffer, frisch gemahlen
Pro Person etwa 2000 kJ/480 kcal
20 g Eiweiß · 21 g Fett · 52 g Kohlenhydrate ·
8 g Ballaststoffe

Zubereitungszeit: etwa 20 Minuten

● Das Wasser mit dem Salz und dem Sonnenblumenöl in einem großen Kochtopf aufkochen.
● Die Vollkornnudeln in das kochende Wasser
geben und bei schwacher Hitze zugedeckt etwa
8 Minuten garen.
● Die Nudeln in ein Sieb schütten, gut abtropfen lassen und in eine Schüssel füllen.

● Während die Nudeln kochen, kannst du schon mit der Zubereitung der Sauce beginnen:
● Die Möhren gründlich waschen, mit dem Sparschäler schälen und auf der Rohkostreibe grob raspeln. Den Gouda grob reiben. Die Frühlingskräuter gründlich waschen, trockenschütteln, von den groben Stengeln befreien und fein hacken.
● Die Butter in einem kleinen Kochtopf schmelzen lassen.
● Die Möhrenraspel und das Weizenvollkornmehl dazugeben und mit dem Schneebesen kräftig durchrühren.
● Mit der Milch und dem Wasser auffüllen, die gekörnte Gemüsebrühe hineingeben und wieder mit dem Schneebesen kräftig durchrühren.
● Die Sauce bei schwacher Hitze unter ständigem Rühren 2–3 Minuten kochen, bis sie dicklich wird.
● Den Kochtopf vom Herd nehmen. Den Käse unter die Sauce mischen und so lange rühren, bis der Käse geschmolzen ist. Die Frühlingskräuter unterrühren.
● Die Sauce mit dem Salz und Pfeffer abschmecken und zu den Nudeln reichen.

Vollkornspaghetti mit Petersilienpesto

Im Originalrezept wird Pesto mit frischem Basilikum zubereitet. Aber im Frühling, als wir Appetit auf Spaghetti mit Pesto hatten, gab es nur müdes Treibhausbasilikum und unaromatisches getrocknetes Basilikum. Deshalb haben wir ein Petersilienpesto erfunden.

Zutaten für 4 Personen:
3 l Wasser · 1 knapper Teel. Salz · 1 Eßl. kaltgepreßtes, nicht raffiniertes Sonnenblumenöl ·
400 g Vollkornspaghetti

Für das Pesto:
50 g Parmesankäse · 40 g grüne Kürbiskerne oder Haselnußkerne · 10 Eßl. kaltgepreßtes nicht raffiniertes Olivenöl · 1 Knoblauchzehe ·
150 g Petersilie · ½ Teel. Salz
Pro Person etwa 3000 kJ/710 kcal
24 g Eiweiß · 37 g Fett · 69 g Kohlenhydrate ·
10 g Ballaststoffe

Zubereitungszeit: etwa 20 Minuten

● Das Wasser mit dem Salz und dem Sonnenblumenöl aufkochen.
● Die Vollkornspaghetti hineingeben und bei schwacher Hitze im geschlossenen Kochtopf etwa 8 Minuten garen.
● Die gegarten Nudeln in ein Sieb schütten und abtropfen lassen.
● Während die Spaghetti kochen, kannst du schon mit dem Pesto beginnen. Den Parmesan fein reiben und in eine große Schüssel geben.
● Die Kürbis- oder Haselnußkerne auf ein Brett schütten und grob hacken. Die Knoblauchzehe schälen, in winzige Würfel schneiden und mit einer Messerklinge zerdrücken. Die Petersilie gründlich waschen, trockenschütteln, von den groben Stengeln befreien und fein hacken.
● Die Kürbis- oder Haselnußkerne, die Knoblauchzehe und die Petersilie zum Parmesan geben.
● Das Olivenöl darüber gießen, das Salz hinzufügen und alles gut verrühren.
● Die Spaghetti zum Pesto in die Schüssel füllen. Gut vermengen und sofort servieren.

Tip: Wenn du dein Pesto öliger magst, kannst du gerne noch 1–2 Eßlöffel Olivenöl hinzufügen. Dann mit etwas mehr Salz abschmecken. Hast du noch etwas Parmesan übrig? Dann reibe noch eine dicke Schicht Parmesan über deine Spaghetti mit Petersilienpesto. Vielleicht schmeckt dir das kräftige Olivenöl nicht, dann verwende die gleiche Menge Sonnenblumenöl.

Supereinfaches Käsesoufflé in Tassen

Zutaten für 4 Personen:
Zum Ausfetten der Tassen: 1 Teel. Butter
Für das Soufflé:
70 g Parmesan · 70 g Emmentaler oder mittel-
alter Gouda · 4 Eier · 70 g weiche Butter ·
einige Prisen Salz · 1 Messerspitze Muskatnuß,
frisch gerieben · 2 Eßl. Petersilie, frisch
gehackt (20 g)
Pro Person etwa 1500 kJ/360 kcal
18 g Eiweiß · 32 g Fett · 1 g Kohlenhydrate ·
0,2 g Ballaststoffe

Vorbereitungszeit: etwa 15 Minuten
Backzeit: etwa 20 Minuten

• Vier feuerfeste Tassen bereitstellen und nur die Böden der Tassen mit der Butter ausfetten.
• Den Parmesan und den Emmentaler oder den Gouda fein reiben.
• Zwei Rührschüsseln bereitstellen.
• Die Eier trennen. Eiweiße in die eine, die Eigelbe in die andere Schüssel geben.
• Die Eiweiße mit einem elektrischen Handrührgerät steif schlagen und zur Seite stellen.
• Nun die Eigelbe schaumig rühren. Dabei die Butter stückchenweise dazugeben. Die beiden geriebenen Käsesorten unterrühren. Die Masse mit dem Salz und dem Muskat abschmecken. Die gehackte Petersilie unterrühren.
• Den Backofen auf 175° vorheizen.
• Den Eischnee mit einem Kochlöffel vorsichtig unter die Soufflémasse heben.
• Die Soufflémasse in die Tassen füllen. Sie dürfen nur zu zwei Drittel gefüllt sein.
• Die Soufflés in den Backofen (Mitte) stellen und etwa 20 Minuten backen. Sie sollten goldfarben und bis zum Tassenrand aufgegangen sein.

• Die Soufflés mit einem Messer von der Tassenwand lösen und auf einen Teller stürzen. Diese kleinen Wunderwerke sind nicht einsturzgefährdet wie andere Soufflés.

Tip: Während deine Soufflés backen, hast du Zeit, einen frühlingsfrischen Salat zuzubereiten. Wie wäre es mit Eissalat mit Gänseblümchen (Rezept Seite 22) oder rohem grünem Spargelsalat (Rezept Seite 19)?

Kräuterkuchen mit Tomatensahne

Perplex
Bilc Umschlag-Vorderseite

Wenn du ein so tolles, aber einfaches Gericht zubereiten kannst, sind deine Gäste sicher total perplex. Egal, wie du deine Kräutermischung zusammenstellst, auf jeden Fall sollten es 150 g sein!

Zutaten für 4–6 Personen:
Für die Springform (26 cm ⌀):
1 Eßl. Butter · 1 Eßl. Weizenvollkornmehl
Für den Teig:
80 g Weizen, grob gemahlen · 250 g Quark ·
125 g weiche Butter · 3 Eier · 3 Eßl. Milch ·
1 kleine Zwiebel · 1 Teel. Salz · weißer oder
schwarzer Pfeffer, frisch gemahlen ·
150 g Frühlingskräuter (Petersilie, Schnittlauch,
Dill, Kerbel, aber auch Brennessel, Löwenzahn,
Wegerich, Sauerampfer, Spinat)
Für die Tomatensauce:
500 g Tomaten · 100 g Crème fraîche oder
Schmand · 1 Teel. Zitronensaft oder Obst-
essig · einige Prisen Salz · viel schwarzer
Pfeffer, frisch gemahlen · 2 Eßl. kaltgepreßtes,
nicht raffiniertes Olivenöl

Bei 6 Personen pro Person etwa 1900 kJ/
450 kcal
12 g Eiweiß · 37 g Fett ·
16 g Kohlenhydrate ·
5 g Ballaststoffe

Vorbereitungszeit: etwa 15 Minuten
Backzeit: 30–35 Minuten
Zubereitungszeit für die Sauce: etwa
15 Minuten

- Die Springform mit der Butter ausfetten und mit dem Vollkornmehl ausstäuben.
- Dann in einer großen Rührschüssel den Weizenschrot mit dem Quark, der Butter, den Eiern, der Milch, dem Salz und Pfeffer sorgfältig verrühren.
- Die Zwiebel schälen und würfeln. Die Frühlingskräuter gründlich waschen, trockenschütteln und von den groben Stengeln befreien. Die Kräuter hacken. Nicht zu grob! Aber ganz fein brauchen sie auch nicht gehackt zu werden.
- Die Zwiebelwürfel und die Kräuter zum Teig geben und gut verrühren.
- Den Backofen auf 200° vorheizen.
- Den Kräuterteig in die Springform füllen. Die Oberfläche mit einem Eßlöffel oder Teigschaber glatt streichen.
- Den Teig in den Backofen (Mitte) schieben und in 30–35 Minuten goldbraun backen.
- Während der Kräuterkuchen backt, bereitest du die Sauce: Die Tomaten gründlich waschen, von den Stengelansätzen befreien, in kleine Stücke schneiden und in einer hohen Rührschüssel mit dem Stabmixer pürieren.
- Die Crème fraîche oder den Schmand, den Zitronensaft oder den Essig, das Salz, Pfeffer und das Olivenöl unter das Tomatenpüree rühren.
- Das Abschmecken nicht vergessen.
- Diese Sauce ist schnell bereitet. Du brauchst sie noch nicht einmal zu erhitzen! Sie schmeckt kalt ausgezeichnet zum heißen Kräuterkuchen.

Desserts

Sicher beflügelt dich der Frühling und du bekommst neue Ideen. Vielleicht erfindest du nach diesen leckeren Anregungen sogar ein eigenes Dessert?

Apfelscheiben im Kiwi-Kefir-Teich

Bild Umschlag-Vorderseite

Zutaten für 4 Personen:
2 große rotschalige süßliche Äpfel (Jonagold oder Cox Orange) · Saft von ½ Zitrone ·
2 Messerspitzen gemahlener Koriander ·
2 Kiwis · 200 g Kefir · 1–2 Eßl. flüssiger Honig oder Zuckerrohrgranulat
Pro Person etwa 530 kJ/130 kcal
2 g Eiweiß · 3 g Fett · 24 g Kohlenhydrate ·
3 g Ballaststoffe

Zubereitungszeit: etwa 20 Minuten

- Die Äpfel gründlich waschen, vierteln, von den Kerngehäusen befreien und ungeschält in gleichmäßige Scheiben schneiden.
- Die Apfelscheiben mit dem Zitronensaft beträufeln und mit dem Koriander bestäuben. Diese Zutaten gut vermengen und zur Seite stellen.
- Die Kiwis dünn schälen. 1 Kiwi in Scheiben schneiden. Die andere Kiwi in Stücke schneiden und in eine hohe Rührschüssel geben.
- Die Kiwistückchen mit dem Kefir begießen, den Honig oder das Zuckerrohrgranulat hinzufügen und mit dem Stabmixer pürieren.
- Die Kiwi-Kefir-Sauce als kleine Teiche in die Mitte von vier flachen Tellern verteilen.
- Die vorbereiteten Apfelscheiben als Häufchen in die Mitte der Teiche setzen und mit den übriggebliebenen Kiwischeiben garnieren.

Rhabarberkompott

Very hot

Die kurze Rhabarberzeit sollte unbedingt ge-
nutzt werden. Dieses Kompott ist superköstlich
und ganz einfach zuzubereiten. Und suche im
Rezept nicht nach Wasser, du brauchst keines!
Very hot schmeckt das Kompott übrigens am
besten.

Zutaten für 4 Personen:
500 g Rhabarber (sehr zarte Stangen) ·
8 Eßl. Ahornsirup oder flüssiger Honig ·
2 Eßl. ungeschwefelte dunkle Rosinen ·
3 Eßl. Cashewkerne
Pro Person etwa 790 kJ/190 kcal
4 g Eiweiß · 5 g Fett · 32 g Kohlenhydrate ·
5 g Ballaststoffe

Vorbereitungszeit: etwa 10 Minuten
Marinierzeit: etwa 30 Minuten
Fertigstellung: knapp 10 Minuten

• Die Rhabarberstangen gründlich waschen,
den Wurzelansatz abschneiden und eventuell
die Haut abziehen. Bei ganz zarten Stangen ist
das nicht nötig. Die Rhabarberstangen in etwa
1 cm große Stücke schneiden und in einen
Kochtopf geben.
• Den Ahornsirup oder den Honig, die Rosinen
und die Cashewkerne dazugeben.
• Alles gut vermengen und etwa 30 Minuten
Saft ziehen lassen. Du kannst auch sagen: Der
Rhabarber mariniert im Ahornsirup! Deckel
drauf, damit nichts vom Aroma verfliegt und
keine Fliegen hineinfallen.
• Den Rhabarber nach den 30 Minuten noch-
einmal gut durchrühren, dann bei schwacher
Hitze und ohne Deckel einmal ganz kurz aufko-
chen lassen. Am besten bleibst du dabei ste-
hen, damit er nicht überkocht.
• Den Rhabarber sofort vom Herd nehmen und

der Deckel wieder auflegen. Der Rhabarber
zieht jetzt in der Resthitze gar. Das dauert etwa
5 Minuten.
• Jetzt kannst du dieses köstliche Kompott
heiß genießen! Aber kalt schmeckt es natürlich
auch.

Tip: Wenn du kein Rosinenfreund bist, versuche
es doch einmal mit der gleichen Menge kleinge-
würfelter Backpflaumen. Statt Cashewkernen
schmecken 2 Eßlöffel abgezogene Mandeln
sehr gut. Und mit Schlagsahne schmeckt's
ganz besonders traumhaft!

Bananensalat
Gelbe Raffinesse

Zutaten für 4 Personen:
Für die Sauce:
Saft von 1 Zitrone · 1 Eßl. flüssiger Honig
oder Ahornsirup · 1 Messerspitze gemahlener
Ingwer
Für den Salat:
5 kleine Bananen (etwa 500 g ohne Schale) ·
6 ungeschwefelte Backpflaumen ohne Stein
Nur für Leckermäuler: 200 g Sahne
Pro Person (ohne Sahne) etwa 560 kJ/130 kcal
2 g Eiweiß · 0,3 g Fett · 31 g Kohlenhydrate ·
4 g Ballaststoffe

Zubereitungszeit: etwa 10 Minuten
Zeit zum Durchziehen: etwa 10 Minuten

• Für die Sauce den Zitronensaft, den Honig
oder den Ahornsirup und den Ingwer in eine
große Schüssel geben und verquirlen.
• Für den Salat die Bananen schälen und in
½ cm dicke Scheiben schneiden. Die Bananenscheiben sofort in die Zitronensauce geben und
darin wenden.

- Die Backpflaumen in dünne Streifen oder kleine Würfel schneiden und dazugeben. Den Salat vorsichtig vermengen!
- Den Salat etwa 10 Minuten im Kühlschrank ziehen lassen.
- In der Zwischenzeit kannst du die Sahne schlagen. Aber es ist auch ohne ein raffiniertes Dessert!

Marzipanschaumberge

Zutaten für 4 Personen:
100 g Honigmarzipan (Reformhaus) oder Roh-marzipan · 2 Eigelb · abgeriebene Schale und Saft von ½ unbehandelten Zitrone · 1 Eiweiß · 125 g Sahne
Pro Person etwa 1100 kJ/260 kcal
5 g Eiweiß · 19 g Fett · 18 g Kohlenhydrate · 0 g Ballaststoffe

Zubereitungszeit: etwa 15 Minuten

- Das Marzipan zerkleinern und in eine Rühr-schüssel geben. Die Eigelbe, die Zitronenschale und den -saft hinzufügen.
- Alles mit dem elektrischen Handrührgerät oder mit dem Schneebesen so lange rühren, bis eine cremige, klümpchenfreie Masse entsteht.
- Das Eiweiß zu festem Schnee schlagen. Die Sahne sehr steif schlagen.
- Zuerst die Sahne unter die Marzipancreme rühren, dann erst den Eischnee unterheben.
- Den Marzipanschaum als kleine Berge auf Dessertteller häufen.

Tip: Wie wäre es, wenn du die Marzipan-schaumberge mit frischen Früchten umkränzt oder mit Nüssen garnierst. Oder hast du noch immer Honigmarzipan übrig? Dann forme kleine Kugeln daraus und setze sie als Krönung auf das Dessert.

ˣApfelsuppe mit Rosinen
Topfgucker

Ein idealer Nachtisch, um die letzten schrumpe-ligen Winteräpfel zu verbrauchen. Er ist so lek-ker, daß du sicher schon vor der Fertigstellung in den Topf guckst.

Zutaten für 4 Personen:
8–10 säuerliche Äpfel (Boskop) · ½ l Wasser · ½ l naturtrüber Apfelsaft · 1 Teel. abgeriebene Zitronenschale von 1 unbehandelten Zitrone · 4 Eßl. ungeschwefelte helle oder dunkle Rosi-nen · ½ Teel. Vanillepulver (Reformhaus) · 6–8 Eßl. Honig oder Zuckerrohrgranulat · 4–6 Eßl. Zitronensaft
Pro Person etwa 1300 kJ/310 kcal
1 g Eiweiß · 1 g Fett · 74 g Kohlenhydrate · 6 g Ballaststoffe

Vorbereitungszeit: etwa 15 Minuten
Garzeit: 5–8 Minuten

- Die Äpfel schälen, vierteln, vom Kerngehäuse befreien und in Scheiben schneiden.
- Die Äpfel mit dem Wasser, dem Apfelsaft und der Zitronenschale im zugedeckten Kochtopf zum Kochen bringen. Dann bei schwacher Hitze 5–8 Minuten garen. Die Apfelstückchen sollten kurz vor dem Zerfallen sein.
- Die Suppe mit dem Stabmixer pürieren.
- Die Rosinen, das Vanillepulver und den Honig oder das Zuckerrohrgranulat hineinrühren. Es kann sein, daß du mehr oder weniger Süße brauchst. Das richtet sich nach der Apfelsorte.
- Mit dem Zitronensaft abschmecken.

Tip: Magst du Rosinen lieber vorgequollen? Dann mußt du sie 1 Stunde vorher in heißes Wasser legen. Da du sicher ungeschwefelte Rosinen eingekauft hast, kannst du das Ein-weichwasser mit zur Suppe geben.

Bananenschaum Renate

Dieses Rezept hat mir Renate verraten. Sie liebt es. Ihre vier Kinder lieben es. Ihr Willi liebt es. Und du wirst es auch lieben.

Zutaten für 4 Personen:
2 große Bananen · 2 Eßl. Zitronensaft ·
2 Messerspitzen gemahlener Anis oder Zimt ·
1–2 Eßl. flüssiger Honig oder Zuckerrohrgranu-
lat · 200 g Sahne · 2 Eßl. ungehäutete Mandeln
Pro Person etwa 1200 kJ/290 kcal
4 g Eiweiß · 20 g Fett · 21 g Kohlenhydrate ·
3 g Ballaststoffe

Zubereitungszeit: etwa 10 Minuten

● Die Bananen schälen, in Scheiben schneiden und mit dem Zitronensaft beträufeln. Die Bananen in einer hohen Rührschüssel mit dem Stabmixer pürieren oder auf einem großen flachen Teller mit einer Gabel zerdrücken.
● Den Bananenbrei mit dem Anis oder Zimt würzen und mit dem Honig oder dem Zuckerrohrgranulat süßen.
● Die Sahne sehr steif schlagen und unter den Bananenbrei heben.
● Den Bananenschaum in vier Portionsteller verteilen.
● Die Mandeln auf ein großes Brett schütten und grob hacken.
● Den Bananenschaum mit den gehackten Mandeln bestreuen.

Tip: In eurem Gewürzschrank findest du bestimmt einige Gewürze, die du wahrscheinlich nur für die Weihnachtsbäckerei verwenden würdest. Experimentiere aber auch einmal mit Anis, Ingwer, Cardamom, Zimt, Nelken und Koriander. Die meisten Gewürze sind sehr intensiv. Probiere immer erst nur eine Messerspitze und erhöhe die Menge erst nach dem Abschmecken.

Früchte in bunter Joghurtpfütze

Bild nebenstehend

Zutaten für 4 Personen:
150 g Joghurt · 4 Eßl. Sahne ·
2 Eßl. flüssiger Honig oder 1–2 Eßl. Zuckerrohr-
granulat · 1 Teel. Kakaopulver · ½ Teel. Vanille-
pulver · 1 Honigmelone · 3 Kiwis
Pro Person etwa 850 kJ/200 kcal
4 g Eiweiß · 7 g Fett · 32 g Kohlenhydrate ·
3 g Ballaststoffe

Zubereitungszeit: etwa 25 Minuten

● Den Joghurt mit der Sahne und dem Honig oder dem Zuckerrohrgranulat verquirlen.
● Die Menge halbieren. Eine Hälfte mit dem Kakao, die andere mit der Vanille verquirlen.
● Die Honigmelone vierteln, mit einem Löffel die Kerne herauskratzen. Die Viertel schälen und in mundgerechte Würfel zerteilen. Die Kiwis sehr dünn schälen und in Scheiben schneiden.
● Vier flache Teller bereitstellen.
● Von jeder Sauce nebeneinander 2–3 Eßlöffel auf jeden Teller füllen.
● Mit einem Zahnstocher oder Löffelstiel kleine Linien oder Kurven von einer Sauce in die andere ziehen. Wie in der Nouvelle Cuisine!
● Dann die Melonenstückchen zu gleichen Teilen in die Kakaopfützen legen. Die Kiwischeiben zu gleichen Teilen in die Vanillepfütze legen. Beides möglichst dekorativ!
● Das Dessert am besten sofort servieren!

Wenn du es schaffst, die Früchte so schön in die Pfütze zu legen wie auf dem Bild, bist du ein echter Kochkünstler. Rezept auf dieser Seite. ▷

Im Sommer

Der Sommer soll uns vor allen Dingen mit Sonne verwöhnen. Wir freuen uns nicht nur auf sonnige erholsame Ferien, sondern wir wollen diese kurze Jahreszeit nutzen, um möglichst oft mit Freunden auf dem Balkon oder im Garten zusammenzusitzen. Bis in die Nacht hinein essen, trinken und diskutieren! Vielleicht habt ihr euch schon vorher getroffen, um gemeinsam Salate zu schnippeln und eine köstliche Süßspeise zuzubereiten. Auf vielen Grillfeten entdecke ich mitten im schönsten Sommer immer wieder zusammengeworfene Dosensalate. Das kann dir nicht passieren! Hier ist die Sommerliste:

Ananas, Avocados, Aprikosen, Bananen, Birnen, Blumenkohl, Bohnen, Champignons, Eissalat, Erbsen, Erdbeeren, Grapefruits, Gurken, Himbeeren, Johannisbeeren (rot und schwarz), Kirschen, Kiwis, Kohlrabi, Kopfsalat, Mais, Mangold, Nektarinen, Paprikaschoten, Pfirsiche, Pflaumen, Sommerkohl, Spinat, Tomaten, Wirsing, Zitronen, Zucchini und Zwiebeln.

◁ An heißen Tagen ist die kalte Joghurtsuppe mit vielen Kräutern und fein geraspelten Möhren genau das Richtige, um neue Kräfte zu schöpfen. Das Rezept für dieses erfrischende Gericht findest du auf Seite 43.

Salate

An einem heißen Sommertag brauchst du oft nicht mehr als einen knackigen Salat.

Gurkensalat mit Äpfeln

Zutaten für 4 Personen:
Für die Sauce:
150 g Joghurt · 1 Eßl. Obstessig · 1 Eßl. Sojasauce · ½ Teel. flüssiger Honig oder Zuckerrohrgranulat · einige Prisen Salz · weißer Pfeffer, frisch gemahlen · 1 Eßl. kaltgepreßtes, nicht raffiniertes Sonnenblumenöl · 1 Bund Dill (etwa 30 g)
Für den Salat:
1 Salatgurke · 2 säuerliche Äpfel (Glockenäpfel oder Boskop, die gibt's noch im Frühsommer)
Zum Bestreuen:
2 Eßl. Sonnenblumenkerne
Pro Person etwa 610 kJ/150 kcal
4 g Eiweiß · 8 g Fett · 15 g Kohlenhydrate · 3 g Ballaststoffe

Zubereitungszeit: etwa 20 Minuten

• Für die Sauce den Joghurt, den Obstessig, die Sojasauce, den Honig oder das Zuckerrohrgranulat, das Salz und Pfeffer in einer großen Salatschüssel mit einem Schneebesen verschlagen.
• Das Sonnenblumenöl hinzufügen und gut unterrühren.
• Das Abschmecken nicht vergessen.
• Den Dill waschen, trockenschütteln, von den groben Stengeln befreien und fein schneiden.
• Den Dill unter die Salatsauce rühren.
• Für den Salat die Gurke gründlich waschen und mit der Schale auf der Rohkostreibe in dünne Scheiben hobeln. Dann sofort zur Salatsauce geben.

• Die Äpfel gründlich waschen, vierteln, vom Kerngehäuse befreien und mit der Schale in dünne Scheiben schneiden. Ebenfalls gleich in die Salatsauce geben.
• Die Salatzutaten mit der Sauce vermengen.
• Den Salat mit den Sonnenblumenkernen bestreuen und sofort servieren.

Zucchinisalat mit Möhren und Tomaten

Bonny and Clyde
Bild Umschlag-Vorderseite

Während der Zubereitung dieses Salates pfiff eine Mitköchin die Titelmelodie von »Bonny and Clyde«.

Zutaten für 4 Personen:
Für die Sauce:
2 Eßl. Obstessig · 2 Eßl. Joghurt · 1 Teel. milder Senf · ½ Teel. flüssiger Honig oder Zuckerrohrgranulat · einige Prisen Salz · weißer oder schwarzer Pfeffer, frisch gemahlen · 1 Knoblauchzehe · 1 kleine Zwiebel · 3 Eßl. kaltgepreßtes, nicht raffiniertes Sonnenblumenöl · je 10 g Melisse und Petersilie (das ist jeweils 1 Eßl., gehackt)
Für den Salat:
1 Zucchino (etwa 200 g) · 2 kleine zarte Möhren (etwa 100 g) · je ½ rote und grüne Paprikaschote, geputzt (Seite 12) · 2 Tomaten
Pro Person etwa 480 kJ/110 kcal
3 g Eiweiß · 8 g Fett · 7 g Kohlenhydrate · 3 g Ballaststoffe
Zubereitungszeit: etwa 20 Minuten

• Für die Sauce den Obstessig, den Joghurt, den Senf, den Honig oder das Zuckerrohrgranulat, das Salz und Pfeffer in einer großen Salatschüssel mit einem Schneebesen verschlagen.

• Die Knoblauchzehe schälen, kleinschneiden und mit einer Messerklinge zerdrücken. Die Zwiebel schälen und würfeln.
• Die Knoblauchzehe, die Zwiebel und das Öl in die Sauce geben und unterrühren.
• Die Melisse und die Petersilie waschen, trockenschütteln, von den groben Stengeln befreien, fein hacken und unter die Sauce rühren.
• Das Abschmecken nicht vergessen.
• Für den Salat den Zucchino waschen, vom Blüten- und Stengelansatz befreien und ungeschält in dünne Scheiben schneiden. Die Möhren waschen, mit dem Sparschäler schälen und in hauchdünne Scheiben schneiden. Die geputzten Paprikahälften in sehr schmale Streifen schneiden. Die Tomaten gründlich waschen und halbieren. Den Stengelansatz entfernen und die Tomaten achteln.
• Diese Salatzutaten unter die Sauce mengen.

Tip: Nun hast du jeweils ½ rote und ½ grüne Paprikaschote übrig! Wenn du Naturreis mit Gemüse-Kapern-Sauce (Rezept Seite 46) ausprobieren möchtest, kannst du die Schotenhälften verwerten. Ansonsten verwendest du einfach nur eine Sorte Paprika, das schmeckt natürlich auch.

Sommerkohlsalat auf englische Art

Sommerkohl ist der erste Weißkohl, der im Spätsommer geerntet wird. Er ist besonders knackig und saftig.

Zutaten für 4 Personen:
Für den Salat:
knapp ½ l Wasser · 4 Eier · 300 g Weißkohl, geputzt (Seite 11) · 1 Salatgurke · 2 kleine Zwiebeln

Im Sommer

Für die Sauce:
4 Eßl. Obstessig · ½ Teel. flüssiger Honig oder
Zuckerrohrgranulat · einige Prisen Salz ·
weißer oder schwarzer Pfeffer, frisch gemahlen · 6 Eßl. kaltgepreßtes, nicht raffiniertes
Sonnenblumenöl · 1 Bund Dill (30–40 g)
Pro Person etwa 1100 kJ/260 kcal
9 g Eiweiß · 22 g Fett · 8 g Kohlenhydrate ·
4 g Ballaststoffe

Zubereitungszeit: etwa 25 Minuten
Zeit zum Durchziehen: etwa 15 Minuten

● Das Wasser zum Kochen bringen. Die Eier
anpieksen, vorsichtig in das Wasser gleiten lassen und in 8 Minuten hart kochen. Oder hast du
einen Eierkocher?
● Während die Eier kochen, kannst du schon
weiterarbeiten. Aber vergiß die Eier nicht! Die
gekochten Eier mit kaltem Wasser abschrecken. (Eigentlich weiß das ja jeder.) Die Eier zum
Abkühlen zur Seite stellen.
● Den Weißkohl auf der Rohkostreibe grob raspeln. Die Salatgurke schälen, der Länge nach
halbieren und in nicht zu dünne Scheiben
schneiden. Die Zwiebeln schälen und würfeln.
● Die Salatzutaten ohne die Eier in einer großen
Schüssel vermengen.
● Für die Sauce den Obstessig mit dem Honig
oder dem Zuckerrohrgranulat, dem Salz und
Pfeffer mit einem Schneebesen verschlagen.
● Das Sonnenblumenöl hinzufügen und rühren,
bis die Sauce leicht cremig ist.
● Das Abschmecken nicht vergessen.
● Den Dill waschen, trockenschütteln, von groben Stengeln befreien, kleinschneiden und unter die Salatsauce rühren.
● Die Sauce über die Salatzutaten gießen und
alles gut vermengen.
● Der Salat sollte etwa 15 Minuten durchziehen.
● In der Zwischenzeit kannst du die Eier schälen, vierteln und als Kranz auf den Salat setzen.

Tomatensalat mit Tomatensahne

Paradox

Tomatensalat mit Tomatensahne, ist das nicht
wirklich paradox? Uns hat es geschmeckt!
Probier's doch mal!

Zutaten für 4 Personen:
Für die Sauce:
100 g Sahne · 1 knapper Eßl. Tomatenmark
oder Tomatenpüree (Reformhaus) ·
1 Eßl. Obstessig · ½ Teel. Salz · ½ Teel. flüssiger Honig oder Zuckerrohrgranulat ·
viel schwarzer Pfeffer, frisch gemahlen ·
1 Eßl. kaltgepreßtes, nicht raffiniertes Olivenöl
Für den Salat:
500 g Fleischtomaten · 1 kleine Zwiebel ·
einige Prisen Salz
Zum Garnieren:
1 Bund Basilikum (30 g)
Pro Person etwa 540 kJ/130 kcal
2 g Eiweiß · 11 g Fett · 6 g Kohlenhydrate ·
3 g Ballaststoffe

Zubereitungszeit: etwa 15 Minuten

● Für die Sauce die Sahne mit dem Tomatenmark, dem Obstessig, dem Salz, dem Honig
oder dem Zuckerrohrgranulat und dem schwarzen Pfeffer verschlagen.
● Das Olivenöl hinzufügen und alles gut durchrühren.
● Das Abschmecken nicht vergessen.
● Die Sauce auf vier Salatteller füllen.
● Für den Salat die Fleischtomaten gründlich
waschen, halbieren, den Stengelansatz herausschneiden und die Tomaten in mundgerechte,
aber nicht zu kleine Scheiben schneiden. Die
Zwiebel schälen und würfeln.
● Die Zwiebelwürfel mit den Tomatenscheiben
vermengen und mit dem Salz bestreuen.

- Den Tomatensalat in die Mitte der schon aufgeteilten Tomatensahne häufen.
- Das Basilikum vorsichtig abspülen, trockenschütteln und die Blätter abzupfen. Die vier Salatteller mit den Basilikumblättern garnieren.

Wirsing-Zucchini-Salat

Geburtstagssalat

Dieser Salat ist eine Spontankreation. Als auf einer Geburtstagsfeier plötzlich mehr Gäste erschienen, als erwartet, fanden wir bei einem verzweifelten Blick in die Küche nur noch die folgenden Zutaten. Es ist ein Spitzensalat daraus geworden!

Zutaten für 4 Personen:
Für die Sauce:
3 Eßl. Obstessig · ½–1 Teel. flüssiger Honig oder Zuckerrohrgranulat · einige Prisen Salz · reichlich schwarzer Pfeffer, frisch gemahlen · 3 Eßl. kaltgepreßtes, nicht raffiniertes Sonnenblumenöl · 20 g Bohnenkraut
Für den Salat:
300 g Wirsing, geputzt (Seite 11) · 4 rote Zwiebeln · 2 kleine Zucchini (250–300 g)
Pro Person etwa 510 kJ/120 kcal
4 g Eiweiß · 8 g Fett · 8 g Kohlenhydrate · 4 g Ballaststoffe

Zubereitungszeit: etwa 20 Minuten
Zeit zum Durchziehen: etwa 15 Minuten

- Für die Sauce den Obstessig mit dem Honig oder dem Zuckerrohrgranulat, dem Salz und dem Pfeffer in einer großen Schüssel gut verschlagen.
- Das Sonnenblumenöl hinzufügen und rühren, bis die Sauce leicht cremig ist.
- Das Abschmecken nicht vergessen!
- Das Bohnenkraut waschen, trockenschütteln,

die Blätter von den Stengeln zupfen, hacken und unter die Sauce rühren.
- Für den Salat den Wirsing in sehr feine Streifen schneiden. Die roten Zwiebeln schälen und in Ringe schneiden. Die Zucchini waschen, von den Blüten- und Stengelansätzen befreien und in dünne Scheiben schneiden.
- Diese Salatzutaten in die Sauce geben und alles gut vermengen.
- Den Salat möglichst etwa 15 Minuten durchziehen lassen. Du kannst den Geburtstagsalat aber auch sofort essen. Das haben wir auch getan!

Nussiger Kohlrabiraspelsalat

Wie du weißt, gibt es Süßholzraspler, die bekanntlich einen nicht so guten Ruf haben. Da ist ein Kohlrabiraspler schon etwas Solideres.

Zutaten für 4 Personen:
Für die Sauce:
2 Eßl. Obstessig · ½–1 Teel. flüssiger Honig oder Zuckerrohrgranulat · einige Prisen Salz · weißer Pfeffer, frisch gemahlen · 2 Eßl. kaltgepreßtes, nicht raffiniertes Sonnenblumenöl · 1 Bund Petersilie (40–50 g)
Für den Salat:
2 große Kohlrabiknollen (etwa 400 g) · 100 g Haselnüsse
Pro Person etwa 1000 kJ/240 kcal
6 g Eiweiß · 20 g Fett · 8 g Kohlenhydrate · 4 g Ballaststoffe

Zubereitungszeit: etwa 20 Minuten
Zeit zum Durchziehen: etwa 15 Minuten

- Für die Sauce den Obstessig, den Honig oder das Zuckerrohrgranulat, das Salz und Pfeffer in einer großen Salatschüssel mit einem Schneebesen verschlagen.

- Das Sonnenblumenöl hinzufügen und gründlich rühren, bis die Sauce leicht cremig ist.
- Das Abschmecken nicht vergessen.
- Die Petersilie waschen, trockenschütteln, von den groben Stengeln befreien, fein hacken und unter die Sauce rühren.
- Für den Salat die Kohlrabiknollen dünn schälen, von holzigen Stellen befreien und grob raspeln. Sofort in die Sauce geben. Die zarten Blätter des Kohlrabis waschen, trockentupfen, grob hacken und zur Seite legen.
- Die Haselnüsse auf ein Brett schütten und mit einem großen Messer grob hacken. Ebenfalls zur Sauce geben.
- Alle Salatzutaten außer den Kohlrabiblättern gut mit der Sauce vermischen.
- Den Salat mit den gehackten Kohlrabiblättern bestreuen und etwa 15 Minuten durchziehen lassen. Sofort gegessen schmeckt er auch.

Bananen-Paprika-Salat

Jürgen's Favorit

Jürgen, der Mitkonstrukteur vieler Vollwertrezepte und Mitorganisator unserer Vollwertküche an der Schule, verlor nie den Mut, Schülern und Lehrern unserer Kochgruppe »penetrante« Rezeptvorschläge zu unterbreiten. Hier sein Lieblingsrezept, das zuerst nur verständnisloses Kopfschütteln hervorrief: diese Zusammenstellung!? Doch inzwischen ist es nicht nur Jürgen's Favorit!

Zutaten für 4 Personen:
Für die Sauce:
100 g Joghurt · ½ Teel. abgeriebene unbehandelte Zitronenschale · 2 Eßl. Zitronensaft · 1 Teel. Senf · ½–1 Teel. flüssiger Honig oder Zuckerrohrgranulat · einige Prisen Salz · weißer Pfeffer, frisch gemahlen · 2 Eßl. kaltgepreß-
tes, nicht raffiniertes Sonnenblumenöl · 1 kleine Handvoll Liebstöckel oder Petersilie (20 g)
Für den Salat:
2 Bananen · je 1 rote, grüne und gelbe Paprikaschote

Pro Person etwa 600 kJ/140 kcal
3 g Eiweiß · 7 g Fett · 18 g Kohlenhydrate · 4 g Ballaststoffe

Zubereitungszeit: etwa 20 Minuten

- Für die Sauce den Joghurt, die Zitronenschale, den Zitronensaft, den Senf, den Honig oder das Zuckerrohrgranulat, das Salz und Pfeffer in einer großen Salatschüssel mit einem Schneebesen verschlagen.
- Das Sonnenblumenöl hinzufügen und gut unterrühren.
- Das Abschmecken nicht vergessen.
- Für den Salat die Bananen schälen und in dünne Scheiben schneiden. Die Bananen sofort in die Salatsauce geben und unterheben.
- Die Paprikaschoten gründlich waschen, längs halbieren, die Stielansätze herausschneiden und die Kerne und Trennhäute entfernen. Die halbierten Paprikaschoten zuerst in schmale Streifen, dann in kleine Würfel schneiden.
- Von jeder Paprikasorte 1 Eßlöffel zum Garnieren übrig lassen. Die anderen bunten Paprikawürfel zu den Bananenscheiben in die Sauce geben.
- Den Liebstöckel oder die Petersilie waschen, trockenschütteln, von den groben Stengeln und Blättern befreien und fein hacken.
- Die gehackten Kräuter zur Sauce geben.
- Die Salatzutaten mit der Sauce vermengen.
- Die restlichen Paprikawürfel auf den Salat streuen. Den Salat sofort essen, sonst tut es ein anderer.

Tip: Sollte dir der Liebstöckel im Salat doch zu merkwürdig erscheinen, probier' den Salat einfach erstmal ohne.

Im Sommer

Kopfsalat mit Möhren-Joghurt-Sauce

Vielleicht findest du eine »gesunde« Quelle für den Salat. Es gibt viele Hobbygärtner, die ihre Pflanzen nicht spritzen.

Zutaten für 4 Personen:
Für die Sauce:
150 g Joghurt · 6–8 Eßl. Möhrensaft ·
2 Eßl. Zitronensaft · ½–1 Eßl. flüssiger Honig oder Zuckerrohrgranulat · einige Prisen Salz ·
1 Eßl. kaltgepreßtes, nicht raffiniertes Sonnenblumenöl
Für den Salat:
2 Kopfsalat (300–350 g) · 3–4 kleine Möhren (etwa 200 g)
Zum Bestreuen:
2 Eßl. ungesalzene Erdnußkerne
Pro Person etwa 520 kJ/120 kcal
5 g Eiweiß · 8 g Fett · 9 g Kohlenhydrate ·
3 g Ballaststoffe

Zubereitungszeit: etwa 20 Minuten

● Für die Sauce den Joghurt, den Möhrensaft, den Zitronensaft, den Honig oder das Zuckerrohrgranulat und das Salz in einer großen Salatschüssel mit einem Schneebesen verschlagen.
● Das Sonnenblumenöl gut unterrühren.
● Das Abschmecken nicht vergessen.
● Für den Salat die welken und unansehnlichen Blätter vom Kopfsalat entfernen. Die übrigen Blätter vom Strunk lösen, sehr gründlich waschen und trockenschleudern.
● Die Möhren waschen, mit dem Sparschäler schälen und in sehr dünne Scheiben schneiden. Dann in die Salatsauce geben.
● Den Kopfsalat in mundgerechte Stücke reißen und ebenfalls zu der Sauce geben.
● Die Salatzutaten vorsichtig mit der Sauce vermengen. Den Salat mit den Erdnüssen bestreuen.

Hauptgerichte

Hier findest du köstliche und pfiffige Gegenspieler zu verkohlten Grillwürstchen.

Kartoffelsuppe mit Mangold

Fast wie in Portugal
Bild Umschlag-Rückseite

In Portugal ißt man diese Suppe mit einer salamiartigen Wurst. Eine Rindfleischsalami, in kleine Würfel geschnitten, würde gut dazu schmecken. Vollwertköstler sind nicht gleichzeitig Vegetarier.

Zutaten für 4 Personen:
600 g Kartoffeln · 1 Zwiebel · 2 Eßl. kaltgepreßtes, nicht raffiniertes Olivenöl · 1 l Wasser ·
2 Eßl. gekörnte Gemüsebrühe · 1 Zweig Thymian, Majoran oder Rosmarin · 300–350 g Mangold · einige Prisen Salz · schwarzer Pfeffer, frisch gemahlen
Pro Person etwa 730 kJ/170 kcal
5 g Eiweiß · 5 g Fett · 27 g Kohlenhydrate ·
6 g Ballaststoffe

Vorbereitungszeit: etwa 15 Minuten
Garzeit: etwa 25 Minuten

● Die Kartoffeln schälen und in dünne Scheiben schneiden. Die Zwiebel schälen und würfeln.
● Das Olivenöl in einem Kochtopf erhitzen.
● Die Kartoffelscheiben und die Zwiebelwürfel hineingeben und kurz andünsten.
● Das Wasser, die gekörnte Gemüsebrühe und den Kräuterzweig hinzufügen und die Kartoffeln etwa 20 Minuten zugedeckt garen.
● In der Zwischenzeit den Mangold gründlich waschen und grobe Stengelteile herausschneiden. Die Mangoldblätter in sehr dünne Streifen schneiden.

• Den Kräuterzweig aus der gegarten Suppe entfernen.
• Die Herdplatte abschalten.
• Die Suppe mit dem Stabmixer pürieren.
• Die Mangoldstreifen dazugeben und etwa 5 Minuten in der Kartoffelsuppe ziehen lassen.
• Die Suppe mit dem Salz und viel schwarzem Pfeffer abschmecken.

Kalte Joghurtsuppe für heiße Tage

Bild Seite 36

Zutaten für 4 Personen:
100 g gemischte frische Kräuter (zum Beispiel Petersilie, Estragon, Basilikum, Melisse, Dill und wenig Bohnenkraut) · 1 Knoblauchzehe · 3 kleine Möhren (150–200 g) · 800 g Joghurt · 200 g Sahne · 2–4 Eßl. Zitronensaft · 1 Teel. flüssiger Honig oder Zuckerrohrgranulat · einige Prisen Salz · weißer Pfeffer, frisch gemahlen · 2 Eßl. kaltgepreßtes, nicht raffiniertes Sonnenblumenöl
Pro Person etwa 1500 kJ/360 kcal
11 g Eiweiß · 29 g Fett · 17 g Kohlenhydrate · 2 g Ballaststoffe

Zubereitungszeit: etwa 20 Minuten

• Die Kräuter waschen, trockenschütteln, von groben Stengeln befreien und sehr fein hacken. Die Knoblauchzehe schälen, in kleine Stücke schneiden und mit einer Messerklinge zerdrükken. Die Möhren waschen, mit dem Sparschäler schälen und grob raspeln.
• Den Joghurt in einer großen Schüssel mit der Sahne, dem Zitronensaft, dem Honig oder dem Zuckerrohrgranulat, dem Salz, Pfeffer und dem Sonnenblumenöl verschlagen.

• Die Kräuter, den Knoblauch und die Möhrenraspel in die Joghurtsuppe rühren.

Tips: Du kannst die Suppe 30 Minuten im Kühlschrank durchziehen lassen, dann hat sie das Aroma der Kräuter, der Möhren und der Knoblauchzehe angenommen. Doch auch sofort gegessen, schmeckt diese Suppe köstlich.
Falls du nicht soviele Kräuter bekommen konntest und auch keine im Garten hast, verwende nur Petersilie. Statt der Möhren schmeckt auch ½ gewürfelte Salatgurke oder Paprikaschote.

Zucchinisuppe à la Taucherbrille

Bei der Zubereitung dieser Suppe mußt du bestimmt weinen. Beim Essen kannst du die Taucherbrille dann wieder abnehmen!

Zutaten für 4 Personen:
250 g Zwiebeln · 300 g Zucchini · 2 Eßl. kaltgepreßtes, nicht raffiniertes Sonnenblumenöl · knapp 1 l Wasser · 2 Eßl. gekörnte Gemüsebrühe · 100 g Vollkorn-Hörnchennudeln (1 Tasse) · 1 große Handvoll frische Kräuter (Petersilie, Liebstöckel, Estragon, Bohnenkraut) · einige Prisen Salz
Pro Person etwa 710 kJ/170 kcal
6 g Eiweiß · 6 g Fett · 22 g Kohlenhydrate · 5 g Ballaststoffe

Vorbereitungszeit: etwa 20 Minuten
Garzeit: etwa 10 Minuten

• Die Zwiebeln schälen und würfeln. Die Zucchini waschen, von den Blüten- und Stielansätzen befreien und in Scheiben schneiden.
• Das Sonnenblumenöl in einem großen Kochtopf erhitzen.

● Die Zwiebelwürfel und die Zucchinischeiben hineingeben und unter ständigem Rühren in etwa 1 Minute glasig dünsten.
● Das Wasser, die gekörnte Gemüsebrühe und die Nudeln hinzufügen und umrühren.
● Die Suppe einmal aufkochen lassen, dann bei schwacher Hitze im geschlossenem Kochtopf etwa 10 Minuten garen.
● Während die Suppe gart, die Kräuter waschen, trockenschütteln, von den groben Stengeln befreien und fein hacken.
● Die Suppe mit dem Salz abschmecken, die Kräuter unterrühren.
● Die Suppe sofort servieren.

Nudelsalat mit Spinat

Greenhorn
Bild Seite 71

Dieser Salat besteht nur aus grünen Zutaten, deshalb der Name. Auch Vollwertgreenhorns werden von diesem leckeren Hauptgericht sicher begeistert sein.

Zutaten für 4 Personen:
Für den Salat:
1 l Wasser · ½ Teel. Salz · 1 Eßl. kaltgepreßtes, nicht raffiniertes Sonnenblumenöl · 250 g Vollkorn-Spinatnudeln · 1 Knoblauchzehe · 1 kleine Zwiebel · 3 milchsaure Gurken (Reformhaus) oder Gewürzgurken · ½ grüne Paprikaschote, geputzt (Seite 12) · 1 kleiner Zucchino · 100 g Spinat · 1 Bund Petersilie (30–50 g) · 3–4 Eßl. Sesamsamen
Für die Sauce:
6 Eßl. Obstessig · 1 Eßl. Sojasauce · ½ Teel. flüssiger Honig oder Zuckerrohrgranulat · einige Prisen Salz · weißer oder schwarzer Pfeffer, frisch gemahlen · 3 Eßl. kaltgepreßtes, nicht raffiniertes Sonnenblumenöl

Pro Person etwa 1600 kJ/380 kcal
13 g Eiweiß · 17 g Fett · 46 g Kohlenhydrate · 8 g Ballaststoffe

Zubereitungszeit: etwa 30 Minuten
Zeit zum Durchziehen: etwa 20 Minuten

● Das Wasser mit dem Salz und dem Sonnenblumenöl zum Kochen bringen.
● Die Spinatnudeln hineingeben und 8–10 Minuten bei schwacher Hitze im geschlossenen Kochtopf garen. Die gegarten Nudeln in ein Sieb schütten und abtropfen lassen.
● Während die Nudeln garen, eine große Salatschüssel bereitstellen.
● Die Knoblauchzehe schälen, kleinschneiden und mit einer Messerklinge zerdrücken. Die Zwiebel schälen und würfeln. Die milchsauren Gurken oder die Gewürzgurken in kleine Würfel schneiden. Die Paprikahälfte in schmale Streifen schneiden. Den Zucchino waschen, vom Blüten- und Stielansatz befreien, der Länge nach halbieren und in Scheiben schneiden. Den Spinat gründlich waschen, verlesen, abtropfen lassen und in feine Streifen schneiden. Die Petersilie waschen, trockenschütteln und fein hacken.
● Alle Salatzutaten außer den Nudeln in die große Salatschüssel geben. Den Sesam darüber streuen.
● Für die Sauce den Obstessig mit der Sojasauce, dem Honig oder dem Zuckerrohrgranulat, dem Salz und Pfeffer verschlagen.
● Das Sonnenblumenöl hinzufügen und rühren, bis die Sauce leicht cremig ist.
● Das Abschmecken nicht vergessen.
● Die Sauce über den Salat gießen.
● Nun sind sicher auch die Nudeln fast abgekühlt. Du kannst sie lauwarm oder kalt zu den Salatzutaten geben.
● Alle Zutaten gut vermengen und den Salat etwa 20 Minuten ziehen lassen.

Kunterbuntes Rührei

Pipérade

Dieses Eiergericht ist eine Anlehnung an ein französisches Rezept.

Zutaten für 4 Personen:
2 Zwiebeln · je 1 grüne und rote Paprika-
schote · 1 grüne Peperone · 500 g Tomaten ·
1 Knoblauchzehe · 3 Zweige Thymian oder
Majoran · 6 Eier · 2 Eßl. Milch · ½ Teel. Salz ·
schwarzer Pfeffer, frisch gemahlen
Zum Braten:
6 Eßl. kaltgepreßtes, nicht raffiniertes Olivenöl
Pro Person etwa 1320 kJ/315 kcal
13 g Eiweiß · 11 g Fett · 10 g Kohlenhydrate ·
5 g Ballaststoffe

Zubereitungszeit: etwa 40 Minuten

• Die Zwiebeln schälen, halbieren und in Scheiben schneiden. Die Paprikaschoten waschen, längs halbieren, die Stielansätze herausschneiden, die Stielansätze herausschneiden, die Kerne und Trennhäute entfernen. Die Paprikaschoten in sehr dünne Streifen schneiden. Die Peperone waschen, halbieren und die Kerne herauskratzen. Die Peperone in winzige Stückchen schneiden. Die Tomaten gründlich waschen, halbieren, den Stengelansatz entfernen und die Tomaten in mundgerechte Stücke schneiden.
• Die Knoblauchzehe schälen, in kleine Stücke schneiden und mit einer Messerklinge zerdrükken. Den Thymian oder den Majoran waschen, trockenschütteln, die Blätter von den Stengeln zupfen und grob hacken.
• Die Eier in eine Schüssel schlagen, die Milch hinzufügen und beides gut verquirlen. Mit dem Salz und Pfeffer abschmecken und zur Seite stellen.

• Das Olivenöl in einer großen Pfanne erhitzen.
• Das zerkleinerte Gemüse und den gehackten Thymian oder Majoran in die Pfanne geben und bei mittlerer Hitze 3–4 Minuten unter vorsichtigem Wenden andünsten. Es soll kein Gemüsebrei werden!

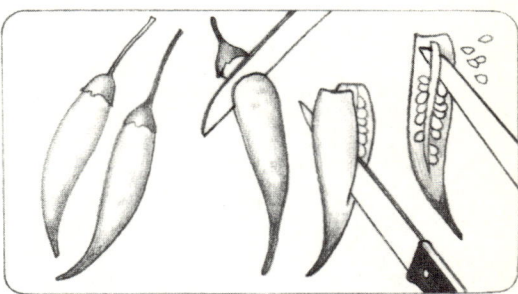

Die Kerne von Peperoni sind höllisch scharf. Du solltest sie deshalb gründlich mit einem Messer aus den Schoten schneiden oder kratzen.

• Die Hitze reduzieren. Die Eiermilch über das Pfannengemüse gießen und bei schwacher Hitze unter vorsichtigem Wenden stocken lassen.
• Die fertige Pipérade wird in der Pfanne serviert, die du mitten auf den Tisch stellen kannst.

Grünkern-Auflauf mit Möhren

Kleines Wunder
Bild 2. Umschlagseite

Eigentlich kommt es dir eher wie ein großes Wunder vor, wenn du den Backofen öffnest und diesen köstlichen, goldbraun gebackenen Auflauf herausholen kannst.

Zutaten für 4 Personen:
¼ l Wasser · ½ Teel. Salz · 120 g Grünkern ·
200 g Quark · 1 kleine Zwiebel · 1 Knoblauch-

zehe · 300 g Möhren · 300 g Kartoffeln ·
150 g mittelalter Gouda · 4 Eier · 1 Bund Petersilie (30–50 g) · 1 Teel. Salz · weißer oder
schwarzer Pfeffer, frisch gemahlen
Zum Ausfetten der Form:
1 Eßl. Butter oder Pflanzenmargarine
Pro Person etwa 2100 kJ/500 kcal
28 g Eiweiß · 26 g Fett · 40 g Kohlenhydrate ·
6 g Ballaststoffe

Vorbereitungszeit: etwa 35 Minuten
Backzeit: 50–55 Minuten

● Das Wasser mit dem Salz aufkochen.
● Den Grünkern hineinschütten und im zugedeckten Kochtopf etwa 10 Minuten bei schwacher Hitze kochen. Die Herdplatte abschalten
und den Grünkern 15–20 Minuten weiterquellen
lassen.
● Während der Grünkern quillt, kannst du die
anderen Zutaten vorbereiten.

Damit der Auflauf nicht zu wäßrig wird, mußt du den
Quark in ein Sieb füllen, über eine Schüssel legen und
gut abtropfen lassen.

● Den Quark in ein Sieb geben und abtropfen
lassen, sonst wird der Auflauf wässrig.
● Eine große Rührschüssel bereitstellen und
die folgenden Zutaten nach dem Vorbereiten
hineingeben.
● Die Zwiebel schälen und würfeln. Die Knob-

lauchzehe schälen, kleinschneiden und mit einer Messerklinge zerdrücken. Die Möhren und
die Kartoffeln waschen, mit dem Sparschäler
schälen und auf der Rohkostreibe grob raspeln.
● Den Käse grob reiben.
● Die Eier in die Rührschüssel schlagen und
mit den vorbereiteten Zutaten verrühren.
● Die Petersilie waschen, trockenschütteln, von
den groben Stengeln befreien und fein hacken.
● Die Petersilie, den abgetropften Quark und
das Salz und Pfeffer in die Schüssel geben.
● Den Backofen auf 200° vorheizen.
● Eine große Auflaufform gründlich mit der Butter ausfetten.
● Den gequollenen Grünkern, falls das Wasser
nicht vollständig verkocht sein sollte, in einem
Sieb abtropfen lassen.
● Den Grünkern zu der Auflaufmasse geben
und alles gut verrühren.
● Die Auflaufmasse in die gefettete Form füllen,
in den heißen Backofen (Mitte) geben und
50–55 Minuten backen.

Naturreis mit Gemüse-Kapern-Sauce

Zutaten für 4 Personen:
½ l Wasser · ½ Teel. Salz · 250 g Rundkorn-
Naturreis
Für die Sauce:
2 kleine Zwiebeln · 400 g Tomaten · 1 grüne
oder rote Paprikaschote · 2 Eßl. kaltgepreßtes,
nicht raffiniertes Olivenöl · ½ Teel. Salz ·
4 Eßl. Kapern · 1 Bund Petersilie (30–50 g) ·
schwarzer Pfeffer, frisch gemahlen
Pro Person etwa 570 kJ/140 kcal
7 g Eiweiß · 6 g Fett · 41 g Kohlenhydrate ·
4 g Ballaststoffe

Zubereitungszeit: etwa 35 Minuten

● Das Wasser mit dem Salz zum Kochen bringen.
● Den Reis hineinrieseln lassen und zugedeckt 25–30 Minuten bei schwacher Hitze garen. Danach in ein Sieb schütten und abtropfen lassen.
● Während der Reis gart, bereitest du die Sauce.
● Die Zwiebeln schälen und würfeln. Die Tomaten gründlich waschen, halbieren und den Stengelansatz herausschneiden. Die Tomaten in kleine Stücke zerteilen. Die Paprikaschote waschen, längs halbieren, die Stielansätze herausschneiden und die Kerne und Trennhäute entfernen. Die Paprikaschote in kleine Würfel schneiden.
● Das Olivenöl in einem Kochtopf erhitzen.
● Die Zwiebelwürfel dazugeben und glasig dünsten.
● Die Tomatenstücke hinzufügen und so lange unter Rühren dünsten, bis sie zerfallen. Das dauert 3–5 Minuten.
● Die gedünsteten Zwiebeln und Tomaten mit dem Stabmixer pürieren.
● Das Salz, die Paprikawürfel und die Kapern in das Tomatenpüree rühren und alles etwa 5 Minuten bei schwacher Hitze garen.
● Die Petersilie waschen, trockenschütteln, von groben Stengeln befreien, fein hacken und zur gegarten Sauce geben. Mit Pfeffer abschmekken.
● Den abgetropften Reis mit der ungewöhnlichen Sauce servieren. Passend dazu kannst du ja drei ungewöhnliche Gäste einladen.

Tip: Vielleicht kennst du Kapern nur an Königsberger Klopsen und hast sie nie gemocht? In dieser Sauce entwickeln sie sich aber ganz anders. Wenn du dich trotzdem nicht überwinden kannst, verwende die gleiche Menge Gewürzgurke oder milchsaure Gurke oder nimm mehr Kräuter oder Paprikaschote!

Kohlrabi-Spinat-Gemüse mit Weizensprossen

Zutaten für 4 Personen:
3 Kohlrabiknollen (etwa 750 g) · 1 Eßl. Butter
(20 g) · ⅛ l Wasser · ½ Teel. Salz ·
200 g Spinat · 4 Eßl. Weizensprossen
(Seite 15) · Muskatnuß, frisch gerieben
Pro Person etwa 520 kJ/120 kcal
9 g Eiweiß · 6 g Fett · 12 g Kohlenhydrate ·
6 g Ballaststoffe

Vorbereitungszeit: etwa 15 Minuten
Garzeit: etwa 15 Minuten

● Die zarten Blätter der Kohlrabi abschneiden und zur Seite legen. Die Kohlrabi schälen, von holzigen Stellen befreien und in dünne Scheiben schneiden.
● Die Butter in einem Kochtopf schmelzen.
● Die Kohlrabischeiben dazugeben, mit dem Wasser auffüllen und das Salz hinzufügen. Die Kohlrabi bei schwacher Hitze im geschlossenen Kochtopf 8–10 Minuten garen.
● Während die Kohlrabi gart, den Spinat gründlich waschen und verlesen. Welke und unansehnliche Blätter aussortieren und den Spinat von groben Stengeln befreien. Den Spinat portionsweise auf einem großen Brett grob hacken.
● Den Spinat zum Kohlrabigemüse geben und alles zugedeckt etwa 5 Minuten weitergaren.
● Die Kohlrabiblätter waschen und fein hacken.
● Den Kochtopf vom Herd nehmen.
● Die gehackten Kohlrabiblätter und die Weizensprossen unter das Kohlrabi-Spinat-Gemüse mischen. Das Gericht mit Muskat abschmecken.

Tip: Hattest du keine Zeit, Weizensprossen anzusetzen? Dann schmeckt dieses zarte Sommergemüse auch mit der gleichen Menge Sonnenblumenkerne. Dazu schmeckt gebuttertes Vollkornbrot oder gegarter Vollkornreis.

Desserts

So phantasielos wirst du ja wohl nicht sein, daß du dir als Sommerdessert nur Eiscreme vorstellen kannst!

Zwei-Farben-Quark

Zutaten für 4–6 Personen:
150 g schwarze Johannisbeeren · 1 Eiweiß ·
500 g Quark · 1 Eigelb · 4–6 Eßl. Milch oder
Sahne · 4–5 Eßl. flüssiger Honig oder Zucker-
rohrgranulat · 4 Eßl. Zitronensaft · 1 Teel. abge-
riebene unbehandelte Zitronenschale
Bei 6 Personen pro Person etwa 930 kJ/
220 kcal
11 g Eiweiß · 12 g Fett · 15 g Kohlenhydrate ·
2 g Ballaststoffe

Zubereitungszeit: etwa 25 Minuten

● Die Johannisbeeren gründlich waschen, verlesen und von den Stengeln befreien. Einige Beeren zum Garnieren beiseite legen.
● Die Johannisbeeren in eine hohe Rührschüssel geben und mit dem Stabmixer pürieren.
● Das Eiweiß zu steifem Schnee schlagen.
● Den Quark mit dem Eigelb, der Milch oder der Sahne, dem Honig oder dem Zuckerrohrgranulat und dem Zitronensaft verrühren.
● Die Hälfte des Quarks zu den pürierten Johannisbeeren geben und alles gut verrühren.
● Muß noch nachgesüßt werden?
● Die andere Hälfte des Quarks mit der Zitronenschale verrühren. Den Eischnee unterheben.
● Vier bis sechs Schälchen bereitstellen.
● Die weiße und die rosa Quarkcreme jeweils nebeneinander in die Schälchen füllen. Mit einem Zahnstocher oder Löffelstiel Linien von einem Quark in den anderen ziehen.
● Den Quark mit den übriggelassenen Johannisbeeren garnieren.

Avocadoinseln im Ahornsee

Bild Seite 54

Das leckerste und traumhafteste Dessert, das ich mir denken kann! Es besteht aus sehr edlen, aber preiswerten Zutaten. Die butterweichen Avocados gibt es nämlich oft schon zum halben Preis oder noch günstiger, da viele Leute denken, sie seien verdorben. So kostet dieses Dessert nicht mehr als Früchtejoghurts für 4 Personen.

Zutaten für 4 Personen:
1 sehr weiche Avocado · 1 Eßl. Zitronensaft ·
1 Teel. abgeriebene unbehandelte Zitronen-
schale · 200 g Frischkäse (1 Packung) ·
8 Melisse- oder Minzeblätter · 1–2 Teel. flüssiger
Honig · 8 Eßl. Ahornsirup · 1 Eßl. grüne Kürbis-
kerne oder Pistazien
Pro Person etwa 1610 kJ/385 kcal
7 g Eiweiß · 29 g Fett · 22 g Kohlenhydrate ·
2 g Ballaststoffe

Zubereitungszeit: etwa 10 Minuten
Kühlzeit: 15–20 Minuten
Fertigstellung: etwa 5 Minuten

● Die Avocado halbieren und den Kern entfernen. Das weiche Fleisch mit einem Eßlöffel herausschaben und in eine hohe Rührschüssel geben. Sofort mit dem Zitronensaft beträufeln.
● Die Zitronenschale und den Frischkäse dazugeben.
● Die Melisseblätter waschen. 4 davon grob hacken, die anderen 4 zum Garnieren zur Seite legen.
● Die gehackte Melisse und den Honig ebenfalls in die Rührschüssel geben und alles mit dem Stabmixer pürieren. Es soll eine geschmeidige hellgrüne Creme werden.
● Die Creme zugedeckt 15–20 Minuten in den

Kühlschrank stellen, damit sich das Melissen-
aroma entfalten kann.
- In der Zwischenzeit vier flache Glasteller bereitstellen. Jeweils 2 Eßlöffel Ahornsirup in die
Mitte der Teller geben.
- In jeden Ahornsee mit einem Eßlöffel
2–3 kleine Avocadocremeinseln setzen.
- Das Dessert mit den restlichen Melisseblättern und den Kürbiskernen oder Pistazien garnieren.

Tip: Die Avocadoinseln schmecken auch ohne
die Melissenblätter vorzüglich. Also verzweifle
nicht, wenn du keine Melisse bekommst.

Joghurtkaltschale mit Erdbeerberg

Zutaten für 4 Personen:
500 g Erdbeeren · 4 Eßl. flüssiger Honig
oder Zuckerrohrgranulat · 500 g Joghurt ·
200 g Sahne · 1 Teel. abgeriebene unbehandelte
Zitronenschale · 4–6 Eßl. Zitronensaft ·
2 Messerspitzen gemahlener Koriander
Pro Person etwa 1400 kJ/330 kcal
7 g Eiweiß · 21 g Fett · 28 g Kohlenhydrate ·
3 g Ballaststoffe

Zubereitungszeit: etwa 20 Minuten

- Die Erdbeeren waschen, von den Blattrosetten und Stengeln befreien, halbieren und in eine
Schüssel geben.
- Die Erdbeeren mit 1 Eßlöffel Honig beträufeln
oder Zuckerrohrgranulat bestreuen und vorsichtig vermengen.
- Für die Kaltschale den Joghurt mit der Sahne,
der Zitronenschale, dem Zitronensaft, dem Koriander und den restlichen 3 Eßlöffeln Honig oder
Zuckerrohrgranulat verquirlen.

- Die Kaltschale zu gleichen Teilen in vier Sup-
penteller füllen. In die Mitte der Teller jeweils
einen Erdbeerberg häufen.

Tip: Statt mit Koriander kannst du natürlich
auch mit anderen Gewürzen experimentieren:
versuche Anis, Cardamom, Nelken oder Zimt.
Oder feingehackte Melisse oder Minze.

Kokosdip mit Sommerfrüchten

Ein interessantes Dessert oder ein kleines Zwischendurch, wenn du mit Freunden zusammen-
sitzt.

Zutaten für 4–6 Personen:
250 g Quark · 1/8 l Milch · abgeriebene Schale
und Saft von 1 unbehandelten Zitrone ·
2–3 Eßl. flüssiger Honig oder Zuckerrohrgranu-
lat · 5–6 Eßl. Kokosflocken · 1 Apfel · 1 Birne ·
1 Pfirsich · 150–200 g Weintrauben · 1–2 Bana-
nen · 1 Packung Vollkornbutterkekse (etwa
250 g) · 4–6 Zahnstocher oder Kuchengabeln
Bei 6 Personen pro Person etwa 1800 kJ/
430 kcal
11 g Eiweiß · 15 g Fett · 59 g Kohlenhydrate ·
3 g Ballaststoffe

Zubereitungszeit: etwa 30 Minuten

- Den Quark mit der Milch, der Zitronenschale,
dem Zitronensaft (1 Eßlöffel zum Beträufeln der
Früchte übrig lassen), dem Honig oder dem
Zuckerrohrgranulat und den Kokosflocken in einer großen dekorativen Schüssel verrühren.
- Den Apfel, die Birne, den Pfirsich und die
Weintrauben gründlich waschen.
- Den Apfel und die Birne halbieren, vom Kerngehäuse befreien, in Schnitze schneiden und
auf einen großen Teller legen. Die Bananen
schälen, in Scheiben schneiden und dazulegen.

- Die Apfel- und Birnenschnitze sowie die Bananenscheiben mit dem übriggelassenen Zitronensaft beträufeln.
- Den Pfirsich halbieren, entsteinen, in mundgerechte Stücke schneiden und zusammen mit den Weintrauben auf den Obstteller legen.
- Die Vollwertbutterkekse auspacken und in einer hübschen Schale dazustellen.
- Zahnstocher oder Kuchengabeln dazulegen. Und nun Früchte aufgespießt und hineingedipt in die Quarkschüssel!

Bekleckertes Obst

Zutaten für 4 Personen:
1 saftige Nektarine · 1 weiche Birne ·
1 Teel. Zitronensaft · 250 g dunkle Kirschen
Für die Kleckerdecke:
⅓ Tafel Zartbitterschokolade · 200 g Crème
fraîche oder Schmand · ½ Teel. Vanillepulver
Pro Person etwa 1300 kJ/310 kcal
3 g Eiweiß · 23 g Fett · 21 g Kohlenhydrate ·
3 g Ballaststoffe

Zubereitungszeit: etwa 20 Minuten

- Die Nektarine gründlich waschen, halbieren, entsteinen und in schmale Schnitze zerteilen. Die Birne ebenfalls gründlich waschen, halbieren, vom Kerngehäuse befreien und ungeschält in schmale Schnitze zerteilen.
- Die Birnenschnitze mit dem Zitronensaft beträufeln.
- Die Kirschen gründlich waschen. Die Stengel möglichst nicht entfernen.
- Die Nektarine und die Birne fächerartig auf vier flache Dessertteller verteilen. Die Kirschen dekorativ darauf anordnen.
- Die Schokolade in kleine Stücke brechen und mit der Crème fraîche oder dem Schmand und der Vanille in einen kleinen Kochtopf geben.

- Alles bei schwacher Hitze unter ständigem Rühren erwärmen, bis die Schokolade vollständig geschmolzen ist.
- Die Crème-fraîche-Schokoladensauce mit einem Eßlöffel als Kleckerdecke über dem Obst verteilen, aber möglichst dekorativ!

Stachelbeer-Melonen-Kompott

Entdeckung

Dieses Dessert ist wirklich eine Entdeckung! Wir wollten ein ganz normales Kompott kochen, entdeckten dann noch einen Rest Melone. Aber warme Honigmelone? Wir waren skeptisch! Probiere selbst, es schmeckt sensationell!

Zutaten für 4 Personen:
300 g reife Stachelbeeren · ⅛ l Wasser ·
2 Messerspitzen Cardamom oder Anis ·
200 g Honigmelonenstückchen · 1 Eßl. flüssiger
Honig · 125 g Sahne
Pro Person etwa 710 kJ/170 kcal
2 g Eiweiß · 10 g Fett · 18 g Kohlenhydrate ·
3 g Ballaststoffe

Zubereitungszeit: etwa 15 Minuten
Abkühlzeit: etwa 15 Minuten

- Die Stachelbeeren gründlich waschen, die Blüten und Stengel abzupfen. Die Stachelbeeren mit einem Messer halbieren und in einen kleinen Kochtopf geben.
- Das Wasser dazugießen und mit dem Cardamom oder Anis bestäuben.
- Die Stachelbeeren zum Kochen bringen und bei schwacher Hitze nur 2–3 Minuten garen. Nicht zerfallen lassen und nicht umrühren! Am besten, du bleibst am offenen Kochtopf stehen.
- Die Honigmelonenstückchen und den Honig dazugeben und sehr vorsichtig untermengen.

- Jetzt erst den Kochtopf zudecken und das Kompott durchziehen lassen, bis es lauwarm ist. Das dauert etwa 15 Minuten.
- Die Sahne halbsteif schlagen. Sie wird als Krönung zum lauwarmen Kompott gegessen.

Stachelbeerhimmel

Zutaten für 4 Personen:
250 g Stachelbeeren · ¼ l Wasser · 3 Eßl. flüssiger Honig oder Zuckerrohrgranulat · 1 Eiweiß · 125 g Sahne · 1 Eigelb · 8–10 Mandeln
Pro Portion etwa 960 kJ/230 kcal
4 g Eiweiß · 16 g Fett · 17 g Kohlenhydrate ·
3 g Ballaststoffe

Zubereitungszeit: 15–20 Minuten
Kühlzeit: etwa 30 Minuten
Fertigstellung: etwa 10 Minuten

- Die Stachelbeeren gründlich waschen, von den Blüten und Stengeln befreien und in einen kleinen Kochtopf geben.
- Das Wasser dazugießen und die Beeren zugedeckt etwa 8 Minuten garen.
- Die Beeren mit dem Stabmixer pürieren, dabei den Honig oder das Zuckerrohrgranulat hinzufügen.
- Das Stachelbeerpüree etwa 30 Minuten in den Kühlschrank stellen.
- Das Eiweiß in einer hohen Rührschüssel sehr steif schlagen.
- Die Sahne in einer anderen hohen Rührschüssel ebenfalls sehr steif schlagen.
- Das Eigelb mit einem elektrischen Handrührgerät oder einem Schneebesen unter das gekühlte Stachelbeerpüree rühren. Zuerst die Sahne, anschließend den Eischnee unterheben.
- Den Stachelbeerhimmel in Dessertschälchen verteilen. Die Mandeln halbieren und das Dessert damit verzieren.

Früchteschaschlik mit Joghurtsauce

Ein sehr dekoratives, schnelles Dessert, das etwas ganz Besonderes und obendrein noch sehr preiswert ist. Es ist allerdings kein Dessert für hektische Esser. Aber Du weißt ja sicher, wie man ein Schaschlik ißt.

Zutaten für 4 Personen:
Für die Sauce:
150 g Joghurt · 1 Eßl. flüssiger Honig oder Zuckerrohrgranulat · 1 Eßl. Zitronensaft ·
½ Teel. Vanillepulver
Für die Spieße:
gut 500 g Früchte der Jahreszeit (zum Beispiel Erdbeeren, Kiwis, Kirschen, Bananen, Aprikosen, Pfirsiche, Nektarinen, Trauben, Melonen, Pflaumen)
Zum Garnieren:
20 g Zartbitterschokolade oder Carobtafel
Außerdem:
8 Schaschlikspieße
Pro Person etwa 540 kJ/130 kcal
3 g Eiweiß · 3 g Fett · 22 g Kohlenhydrate ·
3 g Ballaststoffe

Zubereitungszeit: etwa 30 Minuten

- Für die Sauce den Joghurt mit dem Honig oder dem Zuckerrohrgranulat, dem Zitronensaft und dem Vanillepulver mit einem Schneebesen verschlagen.
- Die Sauce zu gleichen Teilen auf vier flache Teller verteilen.
- Für die Spieße die Früchte waschen und eventuell schälen. Dann in mundgerechte Stücke schneiden und in bunter Reihenfolge auf 8 Schaschlikspieße stecken.
- Je 2 fertige Fruchtspieße auf die Sauce legen.
- Die Schokolade oder die Carobtafel auf einem Brett grob hacken und das Früchteschaschlik damit bestreuen.

Im Herbst

Wenn der Nieselregen einsetzt und wir von Nebelschwaden eingehüllt werden, wenn wir die Heizung anstellen und nach unseren wärmenden Winterpullovern suchen, dann wird es Herbst. Herbst bedeutet aber auch goldenes Herbstlaub, temperamentvolle Stürme, lange Spaziergänge und warme Sonnenstrahlen. Also, kein Grund, depressiv zu werden. Schon gar nicht, wenn du das üppige Herbstangebot betrachtest:
Ananas, Äpfel, Aprikosen, Avocados, Bananen, Birnen, Blumenkohl, Brombeeren, Champignons, Chinakohl, Eissalat, Fenchel, Grapefruits, Grünkohl, Gurken, Holunderbeeren, Kiwis, Knollensellerie, Kohl (weiß und rot), Kohlrabi, Kopfsalat, Kürbis, Möhren, Paprikaschoten, Pastinaken, Pflaumen, rote Beten, Spinat, Stangen- oder Staudensellerie, Weintrauben, Wirsing, Zitronen, Zucchini, Zwetschgen und Zwiebeln.

Salate
Die farbenfrohen und schmackhaften Herbstsalate reißen dich bestimmt aus trüben Stimmungstiefs.

Weißkohlrohkost Sweety

Zutaten für 4 Personen:
Für den Salat:
350 g Weißkohl, geputzt (Seite 11) · 100 g Walnußkerne · 2 säuerliche Äpfel (Boskop oder Glockenäpfel) · 4 Eßl. ungeschwefelte helle oder dunkle Rosinen (etwa 40 g)
Für die Sauce:
Saft von 1 Zitrone · 1–2 Eßl. flüssiger Honig oder Zuckerrohrgranulat · ½ Eßl. gemahlener Anis · einige Prisen Salz · 3 Eßl. kaltgepreßtes, nicht raffiniertes Sonnenblumenöl

Pro Person etwa 1400 kJ/330 kcal
5 g Eiweiß · 24 g Fett · 26 g Kohlenhydrate · 5 g Ballaststoffe

Zubereitungszeit: etwa 25 Minuten
Zeit zum Durchziehen: etwa 20 Minuten

• Den Weißkohl auf einer Rohkostreibe grob raspeln. Den geraspelten Kohl in eine große Schüssel geben und mit einem Fleischklopfer oder der Faust stampfen, bis die Weißkohlraspel glasig werden. Das Stampfen macht den Kohl mürbe und bekömmlich.
• Die Walnußkerne auf einem Holzbrett mit einem großen Messer grob hacken.
• Die Äpfel gründlich waschen, vierteln, vom Kerngehäuse befreien und ungeschält in kleine Würfel schneiden.
• Die Rosinen mit den gehackten Walnußkernen und den Apfelwürfeln unter den Kohl heben.
• Für die Salatsauce den Zitronensaft, den Honig oder das Zuckerrohrgranulat, den Anis und das Salz mit einem Schneebesen verschlagen.
• Das Sonnenblumenöl hinzufügen und rühren, bis die Sauce leicht cremig ist.
• Das Abschmecken nicht vergessen.
• Die Sauce über den Kohlsalat gießen und alles gut vermengen.
• Den Salat etwa 20 Minuten bei Zimmertemperatur ziehen lassen. Du darfst den Salat aber auch sofort essen.

Wenn im Frühling frischer Spargel auf dem Markt zu haben ist, solltest du dir dieses tolle Gericht nicht entgehen lassen. Das Rezept für die Wildgewordene Reispfanne im Frühlingskleid steht auf Seite 27.

Rote-Bete-Apfel-Bananen-Rohkost

Julias Traumsalat

Julia sagte: Dieser Salat ist ein Traum!!

Zutaten für 4 Personen:
Für die Sauce:
200 g Crème fraîche oder Schmand · Saft von
½ Zitrone · 1 Teel. flüssiger Honig oder Zucker-
rohrgranulat · ½ Teel. gemahlener Anis · einige
Prisen Salz · weißer Pfeffer, frisch gemahlen
Für den Salat:
3 rote Bete (etwa in Apfelgröße) · 1 großer säu-
erlicher Apfel (Boskop) · 1 Banane
Pro Person etwa 1200 kJ/290 kcal
3 g Eiweiß · 20 g Fett · 24 g Kohlenhydrate ·
5 g Ballaststoffe

Zubereitungszeit: etwa 20 Minuten

● Für die Sauce die Crème fraîche oder den
Schmand, den Zitronensaft, den Honig oder das
Zuckerrohrgranulat, den Anis, das Salz und
Pfeffer in einer großen Salatschüssel mit einem
Schneebesen verschlagen.
● Für den Salat die roten Beten unter fließen-
dem Wasser abbürsten, dünn schälen und auf
der Rohkostreibe grob raspeln. Den Apfel
gründlich waschen, vierteln, vom Kerngehäuse
befreien und ungeschält ebenfalls grob raspeln.

◁ Saftige Avocadokugeln in einem See aus Ahornsirup
– das ist wirklich ein traumhaftes Dessert, das du im
Nu auf den Tisch bringen kannst. Das Rezept findest
du auf Seite 48.

Die Banane schälen, der Länge nach halbieren
und in kleine Stücke schneiden.
● Diese Salatzutaten zu der Salatsauce geben
und alles gut vermengen.

Tip: Dieser Salat sieht aus wie roter Fischsalat.
Wenn du deine Mitgenießer nicht täuschen
willst, streue doch noch gehackte Nußkerne
deiner Wahl darüber oder garniere mit übriggelassenen Salatzutaten.

Gemischte Rohkost mit Avocado-Sauce

Enthusiastenteller
Bild Umschlag-Rückseite

Wenn man diesen so köstlich angerichteten Salat auf dem Teller erblickt, befällt einen schierer
Enthusiasmus!

Zutaten für 4 Personen:
Für den Salat:
200 g Steckrübe, geputzt (Seite 13) ·
3–4 kleine Möhren (200 g) · 100 g Stangen-
sellerie mit Grün
Für die Sauce:
1 Avocado · Saft von ½ Zitrone · 150 g Jo-
ghurt · 1–2 Teel. flüssiger Honig oder Zucker-
rohrgranulat · knapp ½ Teel. gemahlener Kori-
ander · einige Prisen Salz · schwarzer Pfeffer,
frisch gemahlen · eventuell 2 Eßl. Milch
Pro Person etwa 750 kJ/180 kcal
4 g Eiweiß · 14 g Fett · 10 g Kohlenhydrate ·
6 g Ballaststoffe

Zubereitungszeit: etwa 25 Minuten

● Für den Salat die geputzte Steckrübe auf der
Rohkostreibe sehr fein reiben. Die Möhren
gründlich waschen, mit dem Sparschäler schä-

len und auf der Rohkostreibe grob reiben. Den Sellerie waschen, das Selleriegrün und die Wurzelverdickung abschneiden. Das Grün grob hacken (etwa 4 Eßlöffel). Den Sellerie in hauchfeine Scheibchen schneiden.
• Für die Sauce die Avocado mit einem scharfen Messer halbieren und den Kern herauslösen. Das Fruchtfleisch mit einem scharfkantigen Löffel herauskratzen und in eine hohe Rührschüssel geben. Das Avocadofleisch sofort mit dem Zitronensaft begießen.

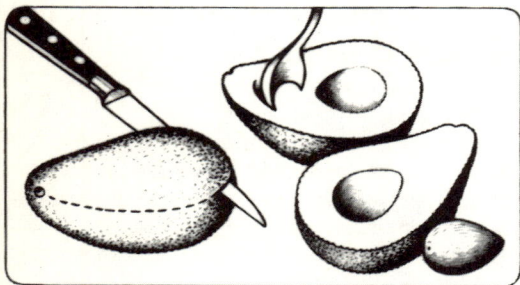

Die Avocado rundherum bis zum Stein einschneiden. Die obere Hälfte entfernen und das Fruchtfleisch mit einem Löffel herauslösen.

• Den Joghurt, den Honig oder das Zuckerrohrgranulat, den Koriander, das Salz und Pfeffer hinzufügen und diese Zutaten mit dem Stabmixer gründlich pürieren. Sollte die Masse noch zu zäh sein, die Milch hinzufügen.
• Die Salatzutaten nebeneinander als kleine Häufchen auf flache Teller verteilen. In die Mitte jeweils einen Klecks der köstlichen Avocadosauce geben und diese mit dem gehackten Selleriegrün bestreuen.

Tip: Diesen tollen Salat kannst du auf vielfältige Art variieren. Du brauchst für 4 Personen etwa 500 g Salatzutaten. Du kannst mehr als 3 Gemüsesorten mischen oder auch gekochtes Getreide nehmen. Was noch zur Avocadosauce paßt: roher, grob geraspelter Blumenkohl, in Scheiben geschnittene Champignons, Chinakohl in feinen Streifen, Fenchel in feinen Scheiben oder Würfeln, grob geraspelter Kohlrabi, Paprikaschoten in feinen Streifen, Lauch in hauchzarten Ringen, fein geraspelter Weißkohl, Zucchini in Scheiben oder gestiftelt. Übrigens kannst du auch die Salatsauce abändern. Wenn du eine kleine Avocado erwischt hast, püriere zusätzlich 1 kleine Banane.

Fenchel-Apfel-Salat
Direx

Direktoren sind erfahrungsgemäß keine Vollwertköstler, sondern lieben ein schuhsohlengroßes Steak mit schlaffem Salatblatt auf ihrem Teller. Oder ist das ein ungerechtes Vorurteil? Ich kenne einen Direx, der fand diesen Salat sehr köstlich.

Zutaten für 4 Personen:
Für die Sauce:
3 Eßl. Obstessig · 2 Eßl. naturtrüber Apfel- oder Orangensaft · 1 Teel. flüssiger Honig oder Zuckerrohrgranulat · einige Prisen Salz · einige Prisen Currypulver · weißer Pfeffer, frisch gemahlen · 3 Eßl. kaltgepreßtes, nicht raffiniertes Sonnenblumenöl
Für den Salat:
1 Fenchelknolle (etwa 250 g) · 2 mittelgroße, säuerliche Äpfel (Boskop oder Glockenäpfel) · 100 g Mangold oder Chinakohl, geputzt (Seite 12/10) · 70 g Haselnußkerne
Pro Person etwa 1100 kJ/260 kcal
5 g Eiweiß · 19 g Fett · 17 g Kohlenhydrate · 5 g Ballaststoffe

Zubereitungszeit: etwa 20 Minuten

- Den Obstessig, den Apfel- oder Orangensaft, den Honig oder das Zuckerrohrgranulat, das Salz, den Curry und Pfeffer in einer großen Schüssel mit einem Schneebesen verschlagen.
- Das Sonnenblumenöl hinzufügen und rühren, bis die Sauce leicht cremig ist.
- Das Abschmecken nicht vergessen.
- Den Fenchel waschen, den Wurzelansatz und die Stengel mit dem Fenchelgrün abschneiden. Das Fenchelgrün zur Seite legen. Braune Stellen von der Fenchelknolle entfernen, eventuell sogar die äußere Blattschicht ablösen. Die Fenchelknolle längs zur Faser in ganz feine Scheiben oder Streifen schneiden. Die Äpfel gründlich waschen, vierteln, vom Kerngehäuse befreien und ungeschält in kleine Würfel schneiden. Den Mangold oder Chinakohl in sehr feine Streifen schneiden.
- Die Haselnußkerne auf einem Holzbrett mit einem großen Messer grob hacken.
- Das Fenchelgrün ebenfalls hacken.
- Alle Zutaten in der Schüssel vermengen.

Tip: Dieser Salat schmeckt gut zu Grünkernfrikadellen Krokodil, Rezept Seite 62.

Reissalat mit Mandeln

Wild Tuesday

Diesen Salat bereiteten wir an einem Dienstag in der Schule, als wir alle schlechte Laune hatten, weil unser elektrischer Rohkostschneider mal wieder kaputt war. Auch sonst klappte nichts an diesem wilden Dienstag! Der Salat hat uns dann getröstet.

Zutaten für 4 Personen:
Für den Salat:
¼ l Wasser · einige Prisen Salz · 180 g Rundkorn-Naturreis · 3 Eßl. Mandeln · 150 g Wein-
trauben (helle oder rote) · 2 kleine Bananen · 2 Eßl. ungeschwefelte helle oder dunkle Rosinen
Für die Sauce:
150 g Joghurt · Saft von 1 Zitrone · 1 Teel. flüssiger Honig oder Zuckerrohrgranulat · 1 Teel. Currypulver · einige Prisen Salz · schwarzer Pfeffer, frisch gemahlen · 2 Eßl. kaltgepreßtes, nicht raffiniertes Sonnenblumenöl
Pro Person etwa 1000 kJ/240 kcal
8 g Eiweiß · 11 g Fett · 48 g Kohlenhydrate · 4 g Ballaststoffe

Zubereitungszeit: etwa 20 Minuten
Abkühlzeit: etwa 20 Minuten
Fertigstellung: etwa 5 Minuten

- Das Wasser mit dem Salz aufkochen. Den Rundkornreis hineingeben, umrühren und bei geschlossenem Kochtopf und schwacher Hitze 20–25 Minuten garen.
- Den gegarten Reis in ein Sieb schütten, abtropfen lassen und kühl stellen.
- Während der Rundkornreis gart, stellst du eine große Salatschüssel zurecht und gibst nacheinander die folgenden Zutaten hinein.
- Die Mandeln ungeschält halbieren. Die Weintrauben gründlich waschen, halbieren und entkernen. Das ist zwar mühselig, aber wenn man beim Essen nachher auf die Kerne beißt, ist der schöne Geschmack dahin. Die Bananen schälen und in Scheiben schneiden.
- Diese Zutaten zusammen mit den Rosinen in der großen Schüssel vermengen.
- Für die Sauce den Joghurt, den Zitronensaft, den Honig oder das Zuckerrohrgranulat, den Curry, das Salz und Pfeffer in einer kleinen Schüssel mit einem Schneebesen gründlich verschlagen.
- Das Sonnenblumenöl hinzufügen und rühren, bis die Sauce leicht cremig ist.
- Das Abschmecken nicht vergessen.

- Die Sauce über den Salat gießen.
- Den abgekühlten Reis (er darf aber noch ganz leicht lauwarm sein) unter die vorbereiteten Salatzutaten mengen.

Tip: Wenn du den Rundkornreis am Tag zuvor kochst oder Reisreste vom Mittag verwendest, ist dein Wilder Dienstagssalat natürlich schneller fertig. Bist du kein Rosinenfan? Vielleicht schmecken dir ja kleingeschnittene Backpflaumen besser.

Rotkohl-Zwetschgen-Salat

Oktoberschock

Diesen Salat haben wir im Oktober ausprobiert, als die ersten Zwetschgen reif waren. Viele Mitkocher fanden die Zusammenstellung schockierend. Aber nur vor dem Probieren. Nach dem Geschmackstest sollte der Salat in Oktoberüberraschung umbenannt werden. Doch wir blieben beim ersten Namen!

Zutaten für 4 Personen:
Für den Salat:
350 g Rotkohl, geputzt (Seite 11) ·
200 g Zwetschgen · 1 großer säuerlicher
Apfel (Boskop)
Für die Sauce:
3–4 Eßl. Obstessig · 1–2 Teel. flüssiger Honig oder Zuckerrohrgranulat · 2 Messerspitzen gemahlener Koriander · einige Prisen Salz · 3 Eßl. kaltgepreßtes, nicht raffiniertes Sonnenblumenöl
Pro Person etwa 620 kJ/150 kcal
2 g Eiweiß · 8 g Fett · 17 g Kohlenhydrate · 4 g Ballaststoffe

Zubereitungszeit: etwa 20 Minuten
Zeit zum Durchziehen: etwa 20 Minuten

- Den geputzten Rotkohl auf der Rohkostreibe grob raspeln und in eine große Schüssel geben. Die Raspel mit einem Fleischklopfer oder der Faust stampfen, bis sie glasig werden. Das Stampfen macht den Kohl mürbe und bekömmlich.
- Die Zwetschgen gründlich waschen, entsteinen und vierteln. Den Apfel ebenfalls gründlich waschen, vierteln, vom Kerngehäuse befreien und ungeschält in kleine Würfel schneiden.
- Zwetschgenviertel und Apfelwürfel unter den Rotkohl heben.
- Für die Sauce den Obstessig, den Honig oder das Zuckerrohrgranulat, den Koriander und das Salz mit einem Schneebesen verschlagen.
- Das Sonnenblumenöl hinzufügen und rühren, bis die Sauce leicht cremig ist.
- Das Abschmecken nicht vergessen.
- Die Sauce über den Salat gießen und alles gut vermengen.
- Den Salat etwa 20 Minuten ziehen lassen.

Chinakohlsalat mit Birnen und Rettichsprossen

Zutaten für 4 Personen:
Für die Sauce:
3 Eßl. Obstessig · 2 Eßl. Möhren- oder Orangensaft · ½–1 Teel. flüssiger Honig oder Zuckerrohrgranulat · einige Prisen Salz · weißer Pfeffer, frisch gemahlen · 5 Eßl. kaltgepreßtes, nicht raffiniertes Sonnenblumenöl
Für den Salat:
400 g Chinakohl, geputzt (Seite 10) · 4 festfleischige Herbstbirnen · etwa ½ Tasse Rettichsprossen (Seite 15) · 50 g Walnußkerne
Pro Person etwa 1100 kJ/260 kcal
4 g Eiweiß · 21 g Fett · 16 g Kohlenhydrate · 5 g Ballaststoffe

Zubereitungszeit: etwa 20 Minuten

- Für die Sauce den Obstessig, den Möhren- oder Orangensaft, den Honig oder das Zuckerrohrgranulat, das Salz und Pfeffer in einer großen Salatschüssel verschlagen.
- Das Sonnenblumenöl hinzufügen und rühren, bis die Sauce leicht cremig ist.
- Das Abschmecken nicht vergessen.
- Für den Salat den Chinakohl in sehr feine Streifen schneiden. Die Birnen gründlich waschen, vierteln, vom Kerngehäuse befreien und ungeschält in schmale Schnitze oder kleine Würfel schneiden. Ist die Schale zu hart oder unansehnlich, dann solltest du die Birnen auch schälen. Die Rettichsprossen auseinanderzupfen.
- Die Walnußkerne auf einem Holzbrett mit einem großen Messer grob hacken.
- Alle Zutaten zur Sauce geben und gut vermengen.

Hafersalat mit Champignons

Dies ist der geeignete Salat, wenn du abends noch fit bleiben willst.

Zutaten für 4 Personen:
¼ l Wasser · 150 g Hafer · 200 g Tomaten ·
150 g Champignons · 1 grüne oder rote Paprikaschote · 1 mittelgroßer Apfel (Cox Orange oder Golden Delicious)
Für die Sauce:
3 Eßl. Obstessig · 1 Teel. Senf · ½ Teel. flüssiger Honig oder Zuckerrohrgranulat · einige Prisen Salz · ½ Teel. getrockneter Thymian · weißer oder schwarzer Pfeffer, frisch gemahlen ·
3 Eßl. kaltgepreßtes, nicht raffiniertes Olivenöl
Pro Person etwa 1000 kJ/240 kcal
7 g Eiweiß · 11 g Fett · 30 g Kohlenhydrate ·
5 g Ballaststoffe

Gar- und Quellzeit für den Hafer:
etwa 30 Minuten
Zubereitungszeit: etwa 30 Minuten
Zeit zum Durchziehen: etwa 15 Minuten

- Am besten garst du den Hafer 1 Stunde, bevor du den Salat zubereiten möchtest. Dann kann er noch gut auskühlen: Das Wasser in einem Topf zum Kochen bringen. Den Hafer hineinstreuen, dann bei schwacher Hitze zugedeckt 10 Minuten kochen. Den Herd abschalten und den Hafer etwa 20 Minuten weiterquellen lassen. Danach eventuell überschüssiges Wasser abgießen und den Hafer abkühlen lassen.
- Die Tomaten gründlich waschen, halbieren, den Stengelansatz entfernen und die Tomaten achteln. Die Champignons unter kaltem Wasser abbrausen, Schmutzteilchen mit einer weichen Bürste entfernen und eventuell vorhandene braune Stellen herausschneiden. Die Champignons in feine Scheiben schneiden. Die Paprikaschote gründlich waschen, längs halbieren, die Stielansätze herausschneiden, die Kerne und Trennhäute entfernen. Die Paprikaschote in kleine Würfel schneiden. Den Apfel gründlich waschen, vierteln, vom Kerngehäuse befreien und ungeschält in schmale Schnitze oder Würfel schneiden.
- Diese Zutaten mit dem abgekühlten Hafer in eine große Schüssel geben und gründlich vermengen.
- Für die Sauce den Obstessig, den Senf, den Honig oder das Zuckerrohrgranulat, das Salz, den Thymian und Pfeffer mit einem Schneebesen verschlagen.
- Das Olivenöl hinzufügen und rühren, bis die Sauce leicht cremig ist.
- Das Abschmecken nicht vergessen.
- Die Sauce über die Salatzutaten gießen.
- Den Salat vorsichtig vermengen und etwa 15 Minuten durchziehen lassen.

Im Herbst

Hauptgerichte

Wenn es draußen heftig stürmt, macht es besonders großen Spaß, mit Freunden neue Rezepte zu erproben.

Steckrübencremesuppe

Endlich

Endlich ist es Herbst und wir können diese leckere Rübencremesuppe kochen. Aber auch im Winter schmeckt sie köstlich.

Zutaten für 4 Personen:
1 Zwiebel · 1 kg Steckrüben, geputzt (Seite 13) · 1 Eßl. Butter (20 g) · knapp 1 l Wasser · 2 Eßl. gekörnte Gemüsebrühe · 1 Bund Petersilie (30–40 g) · 200 g Sahne · 1 Eßl. gemahlener Koriander · 2 Eßl. Orangensaft · einige Prisen Salz · weißer Pfeffer, frisch gemahlen
Pro Person etwa 1100 kJ/260 kcal
5 g Eiweiß · 21 g Fett · 17 g Kohlenhydrate · 9 g Ballaststoffe

Vorbereitungszeit: etwa 15 Minuten
Garzeit: 25–30 Minuten

• Die Zwiebel schälen und würfeln. Die Steckrübe in kleine Stücke schneiden.
• Die Butter in einem großen Kochtopf zerlassen. Die Zwiebelwürfel darin glasig dünsten.
• Die Rübenstückchen dazugeben und mit dem Wasser auffüllen. Die Gemüsebrühe hinzufügen und umrühren. Die Rübenstückchen in der Brühe im geschlossenen Kochtopf einmal aufkochen lassen, dann bei schwacher Hitze 25–30 Minuten garen.
• Die Petersilie waschen, trockenschütteln, von groben Stengeln befreien und fein hacken.
• Die Kochstelle ausschalten und die gegarte

Suppe mit dem Stabmixer so sorgfältig pürieren, daß keine Stückchen mehr darin sind.
• Die Sahne und den Koriander hineinrühren. Die Rübencremesuppe mit dem Orangensaft, dem Salz und sehr viel Pfeffer abschmecken.
• Die Petersilie unter die Suppe rühren.

Kürbiscremesuppe

Soupe de Courge á la Crème

Diese traumhafte Suppe ist eine Anlehnung an ein französisches Rezept. Vielleicht kennst du nur süß-sauer eingelegten Kürbis und kannst dir unter einer Kürbissuppe gar nichts vorstellen. Aber du mußt sie probieren! Sie ist der Inbegriff der Köstlichkeiten. Sogar für Kürbishasser!

Zutaten für 4 Personen:
1 kg Kürbis, geputzt (Seite 11) · 1 Tasse Milch · 1½ Tassen Wasser · 1 Teel. gekörnte Gemüsebrühe · ½ Teel. Salz · 200 g Crème fraîche oder Schmand · weißer Pfeffer, frisch gemahlen · Muskatnuß, frisch gerieben · 30 g Alfalfasprossen (Seite 15)
Pro Person etwa 1100 kJ/260 kcal
5 g Eiweiß · 21 g Fett · 15 g Kohlenhydrate · 1 g Ballaststoffe

Vorbereitungszeit: etwa 10 Minuten
Garzeit: 15–20 Minuten
Fertigstellung: etwa 5 Minuten

• Den Kürbis grob würfeln und in einen großen Kochtopf geben.
• Die Milch, das Wasser, die gekörnte Gemüsebrühe und das Salz hinzufügen.
• Die Kürbiswürfel zugedeckt einmal aufkochen, dann bei schwacher Hitze 15–20 Minuten garen.
• Den Kürbis mit dem Stabmixer pürieren. Da-

bei die Crème fraîche oder den Schmand hinzufügen. Sehr gründlich pürieren, es sollten keine Kürbisstückchen mehr zu finden sein.
• Die Suppe eventuell noch einmal kurz erhitzen, aber nicht mehr kochen!
• Die Suppe mit Pfeffer und Muskatnuß würzen, und vielleicht noch nachsalzen?
• Die goldgelbe Suppe mit den Alfalfasprossen servieren, die du in die Mitte jeden Suppentellers gibst.

Pellkartoffeln
mit Sauce Danmark

Zutaten für 4 Personen:
1 kg festkochende Kartoffeln · ½ l Wasser
Für die Sauce:
1 kleine Zwiebel · 200 g Crème fraîche oder Schmand · 1 Eigelb · 2 Eßl. grobkörniger Senf · ½ Teel. Currypulver · 1 Teel. flüssiger Honig · einige Prisen Salz · 4 Eßl. kaltgepreßtes, nicht raffiniertes Sonnenblumenöl
Pro Person etwa 2000 kJ/480 kcal
7 g Eiweiß · 32 g Fett · 42 g Kohlenhydrate ·
7 g Ballaststoffe

Garzeit für die Kartoffeln: 25–30 Minuten
Zubereitungszeit für die Sauce: etwa 5 Minuten

• Die Kartoffeln gründlich waschen und in einen Kochtopf geben.
• Das Wasser dazugießen und die Kartoffeln im geschlossenen Topf bei mittlerer Hitze 25–30 Minuten garen. Dann das Kochwasser abgießen.
• In der Zwischenzeit für die Sauce die Zwiebel schälen und sehr fein würfeln.
• In einer Schüssel die Crème fraîche oder den Schmand, die Zwiebel, das Eigelb, den Senf, den Curry, den Honig, das Salz und das Sonnenblumenöl mit einem Schneebesen gründlich verschlagen.
• Die Kartoffeln mit der Sauce servieren.

Tip: Die Sauce schmeckt auch zu Nudeln, Reis und als Dressing zu grünen Salaten! Du kannst sie bei schwacher Hitze unter ständigem Rühren sogar erwärmen.

Rote-Bete-Kartoffel-Reibe-Pfannkuchen

Was für ein Name! 33 Buchstaben und 4 Bindestriche! Aber auch: Was für ein Rezept!

Zutaten für 4 Personen:
300 g rote Bete · 1 kg Kartoffeln ·
1 Eßl. Zitronensaft · 3 Eier · 2–3 Eßl. Sahne ·
5–6 Eßl. Weizenvollkornmehl · ½ Teel. Salz ·
weißer oder schwarzer Pfeffer, frisch gemahlen ·
200 g Crème fraîche oder Schmand
Zum Braten: Pflanzenmargarine
Pro Person etwa 2600 kJ/620 kcal
14 g Eiweiß · 37 g Fett · 56 g Kohlenhydrate ·
10 g Ballaststoffe

Vorbereitungszeit: etwa 20 Minuten
Zubereitungszeit: etwa 1 Stunde

• Die roten Beten und die Kartoffeln waschen und dünn schälen.
• Die Kartoffeln auf der Rohkostreibe grob raspeln, dann in ein sauberes Geschirrtuch geben. Etwa ½ Tasse Kartoffelsaft herausdrücken und weggießen.
• Die roten Beten ebenfalls auf der Rohkostreibe grob raspeln.
• Beide Raspel mit dem Zitronensaft, den Eiern, der Sahne, dem Weizenvollkornmehl, dem Salz und Pfeffer vermengen.

- Eine große Pfanne ohne Fett erhitzen.
- 1 walnußgroßes Stück Pflanzenmargarine in die Pfanne geben und schmelzen lassen.
- Pro Pfannenfüllung 4 kleine Pfannkuchen backen. Für jeden Pfannkuchen 1 Eßlöffel Raspelteig in die heiße Pfanne geben und die Oberfläche flach drücken.
- Die Pfannkuchen bei starker Hitze 2–3 Minuten anbraten. Dann die Temperatur herunterschalten und die Reibepfannkuchen 3–5 Minuten auf der gleichen Seite weiterbraten lassen. Erst dann wenden und auch auf der anderen Seite knusprig braten.
- Für jede neue Pfannenfüllung wieder 1 walnußgroßes Stück Pflanzenmargarine bei starker Hitze in der Pfanne zerlassen.
- Die fertigen Pfannkuchen gleich essen oder im Backofen warm halten.
- Die Pfannkuchen mit der Crème fraîche servieren.
- Übrigens: Nicht verzweifeln! Die erste Pfannenfüllung gelingt oft nicht sehr meisterhaft, aber bei der zweiten wird's besser.

Grünkernfrikadellen

Krokodil

Die Frikadellen sind grün wie Krokodile und schmecken so gut, daß man sie gierig wie ein Krokodil verschlingen möchte!

Zutaten für 4 Personen:
½ l Wasser · 1 Eßl. gekörnte Gemüsebrühe · 200 g grob geschroteter Grünkern · 1 kleine Zwiebel · 1 Knoblauchzehe · 1 Bund Petersilie (30–50 g) · 2 Eier · 100 g Hafer-Vollkornflocken · 1 Teel. getrockneter Majoran · einige Prisen Salz · weißer oder schwarzer Pfeffer, frisch gemahlen
Zum Braten: Pflanzenmargarine

Pro Person etwa 1600 kJ/380 kcal
13 g Eiweiß · 13 g Fett · 52 g Kohlenhydrate · 3 g Ballaststoffe

Vorbereitungszeit: etwa 10 Minuten
Quellzeit: etwa 20 Minuten
Garzeit: etwa 22 Minuten

- Das Wasser mit der gekörnten Gemüsebrühe in einem Kochtopf aufkochen.
- Den Grünkernschrot unterrühren und bei schwacher Hitze etwa 1 Minute kochen lassen, dabei umrühren. Vorsicht vor Spritzern!
- Die Kochstelle abschalten, den Kochtopf zudecken und den Grünkernschrot etwa 20 Minuten quellen lassen.
- Während der Quellzeit die Zwiebel und die Knoblauchzehe schälen und sehr fein würfeln. Die Petersilie waschen, trockenschütteln, von groben Stengeln befreien und fein hacken.
- Nach der Quellzeit die Zwiebel- und Knoblauchwürfel zum Schrotbrei geben. Die Petersilie, die Eier und die Haferflocken hinzufügen und alles gut durchrühren. Mit dem Salz und Pfeffer abschmecken.
- Aus dem Grünkernteig mit nassen Händen kleine Frikadellen formen.
- Eine große Bratpfanne ohne Fett erhitzen.
- Etwa 1 Eßlöffel Pflanzenmargarine in die Pfanne geben und schmelzen lassen.
- Die Grünkernfrikadellen hineinlegen und bei starker Hitze 1–2 Minuten stark anbraten.
- Die Hitze reduzieren und die Grünkernfrikadellen knapp 10 Minuten bei schwacher Hitze weitergaren. Die Frikadellen wenden und in weiteren 10 Minuten fertig braten.

Tip: Grünkernfrikadellen schmecken pur warm und kalt sehr gut. Aber auch das Kürbis-Apfel-Gemüse (Rezept Seite 63) paßt gut dazu oder vielleicht doch lieber der Fenchel-Apfel-Salat (Rezept Seite 56)?

Rote-Bete-Reis mit Apfel

Rotes Wagnis

Diese Rote-Bete-Pfanne ist eigentlich nur ein Wagnis, was die Farbe angeht – rötlichlila! Geschmacklich ist dieses Gericht eher ein Ereignis.

Zutaten für 4 Personen:
¾ l Wasser · ½ Teel. Salz · 3 Lorbeerblätter · 200 g Rundkorn-Naturreis · 1 kleine Zwiebel · 300 g rote Bete · 1 großer säuerlicher Apfel (Boskop oder Glockenapfel) · 4 Eßl. kaltgepreßtes, nicht raffiniertes Sonnenblumenöl · 1 Teel. gekörnte Gemüsebrühe · ½ Teel. abgeriebene unbehandelte Zitronenschale · 4 Eßl. Zitronensaft · 1 kräftige Prise gemahlener Piment · weißer oder schwarzer Pfeffer, frisch gemahlen
Pro Person etwa 820 kJ/200 kcal
6 g Eiweiß · 11 g Fett · 41 g Kohlenhydrate · 4 g Ballaststoffe

Zubereitungszeit: etwa 40 Minuten

● In einem kleinen Kochtopf ½ l von dem Wasser mit dem Salz und den Lorbeerblättern zum Kochen bringen.
● Den Reis in ein Sieb schütten, unter fließendem Wasser abspülen. In das kochende Wasser geben und im geschlossenen Topf bei schwacher Hitze 25–30 Minuten garen.
● Danach den Reis in ein Sieb schütten und abtropfen lassen.
● In der Zwischenzeit die Zwiebel schälen und würfeln. Die roten Beten dünn schälen und vierteln. Den Apfel schälen, vierteln, und vom Kerngehäuse befreien.
● Die roten Beten und den Apfel auf der Rohkostreibe grob raspeln und gründlich miteinander vermengen.

● Das Sonnenblumenöl in einer großen Pfanne erhitzen. Die Zwiebel darin glasig dünsten.
● Die roten Beten und die Apfelraspel dazugeben und unter ständigem Wenden bei schwacher Hitze etwa 1 Minute andünsten.
● Das restliche Wasser (¼ l) dazugießen und die gekörnte Gemüsebrühe hinzufügen.
● Alles gut verrühren und etwa 5 Minuten unter gelegentlichem Rühren garen. Den abgetropften Reis unterrühren und kurz erhitzen.
● Das rote Pfannengericht mit der Zitronenschale, dem Zitronensaft, dem Piment, viel Pfeffer und vielleicht noch etwas Salz abschmecken.

Tip: Wenn du keinen Piment im Hause hast, versuch mal Koriander! Du kannst auch Petersilie über das »Rote Wagnis« streuen!

Kürbis-Apfel-Gemüse

Kalte Herbsttage

Zutaten für 4 Personen:
1 kleine Zwiebel · 600 g Kürbis, geputzt (Seite 11) · 500 g säuerliche Äpfel (Boskop oder James Grieve) · 1 Eßl. Butter (20 g) · 2–4 Eßl. Wasser · einige Prisen Salz · 1 Teel. getrockneter Majoran · 1 Teel. Honig · etwas Zitronensaft · weißer Pfeffer, frisch gemahlen
Pro Person etwa 620 kJ/150 kcal
2 g Eiweiß · 5 g Fett · 24 g Kohlenhydrate · 4 g Ballaststoffe

Vorbereitungszeit: etwa 20 Minuten
Garzeit: 8–10 Minuten

● Die Zwiebel schälen und würfeln. Das Kürbisfleisch in kleine Stücke zerteilen. Die Äpfel schälen, vierteln, vom Kerngehäuse befreien und in nicht zu dünne Scheiben schneiden.

• Die Butter in einem Kochtopf zerlassen. Die Zwiebelwürfel darin glasig dünsten.
• Die Kürbis- und Apfelstückchen hineingeben, das Wasser, das Salz und den Majoran hinzufügen und vorsichtig umrühren.
• Die Suppe bei schwacher Hitze zugedeckt 8–10 Minuten garen.
• Den Honig und den Zitronensaft hinzufügen. Die Suppe eventuell noch mit etwas Salz abschmecken und sehr viel Pfeffer hineinmahlen.
• Das Kürbis-Apfel-Gemüse vorsichtig umrühren, sonst zerfällt alles.

Tip: Zu diesem leicht süßlichen Gemüse schmecken Pellkartoffeln oder Bratkartoffeln sehr gut. Oder hast du Lust, die Grünkernfrikadellen (Rezept Seite 62) dazu zu braten? Ein angeschnittener Kürbis muß schnell verbraucht werden. Probiere doch mit dem Rest vom Kürbis die unglaublich traumhafte Kürbiscremesuppe (Rezept Seite 60)!

Tomatenhirse mit Champignons
Auch für Champions

Zutaten für 4 Personen:
250 g Hirse · ½ l Tomatensaft · 1 kleine Zwiebel · 150 g Champignons · 1 Teel. getrockneter Majoran · knapp 1 Teel. Salz · schwarzer Pfeffer, frisch gemahlen · 1 Bund Petersilie (30–40 g)
Pro Person etwa 1100 kJ/260 kcal
9 g Eiweiß · 3 g Fett · 49 g Kohlenhydrate · 4 g Ballaststoffe

Vorbereitungszeit: etwa 10 Minuten
Garzeit: etwa 20 Minuten
Fertigstellung: etwa 5 Minuten

• Die Hirse in ein Sieb geben und gründlich waschen.
• Den Tomatensaft mit dem Salz in einem Kochtopf zum Kochen bringen.
• Die Hirse hineinschütten, umrühren und bei schwacher Hitze im geschlossenen Kochtopf etwa 10 Minuten kochen.
• Den Topf vom Herd nehmen und die Hirse weitere 10 Minuten quellen lassen.
• In der Zwischenzeit die Zwiebel schälen und würfeln. Die Champignons unter kaltem Wasser abbrausen, Schmutzteilchen mit einer weichen Bürste entfernen und eventuell vorhandene braune Stellen herausschneiden. Die Champignons in feine Scheiben schneiden.
• Die Zwiebel, die Champignonscheiben und den getrockneten Majoran unter die heiße Tomatenhirse rühren. Mit dem Salz und Pfeffer abschmecken.
• Die Petersilie waschen, trockenschütteln, von den groben Stengeln befreien, fein hacken und kurz vor dem Servieren unter die Tomatenhirse rühren.

Desserts
Wenn das Wetter mal wieder zum Heulen ist, findest du sicher Trost beim Zubereiten und Genießen dieser leckeren Desserts.

Pflaumenkompott mit Mandeln
Zutaten für 4 Personen:
500 g Pflaumen · ⅛ l Wasser · 1 Stück Stangenzimt (ersatzweise einige Prisen gemahlener Zimt) · 3 Gewürznelken · 3 Eßl. Honig · 50 g ungehäutete Mandeln
Pro Person etwa 730 kJ/170 kcal
3 g Eiweiß · 7 g Fett · 25 g Kohlenhydrate · 3 g Ballaststoffe

Vorbereitungszeit: etwa 10 Minuten
Garzeit: 3–5 Minuten
Fertigstellung: etwa 5 Minuten

● Die Pflaumen gründlich waschen, halbieren und entsteinen.
● Die Pflaumen in einen Kochtopf geben. Das Wasser, den Stangenzimt und die Gewürznelken hinzufügen. Die Pflaumen bei schwacher Hitze im offenen Kochtopf 3–5 Minuten garen. Dann etwas abkühlen lassen.
● Den Honig in das lauwarme Kompott geben und sehr vorsichtig verrühren, sonst zerfallen die Pflaumen.
● Die Mandeln mit einem scharfen Messer halbieren und über das lauwarme Kompott streuen.

Tip: Dieses Dessert schmeckt lauwarm und kalt sehr gut. Du kannst auch Schlagsahne dazu servieren. Und falls du nicht für Zimt und Nelken schwärmst, dann würze mit 1 Stück unbehandelter Zitronenschale und 1 Spritzer Zitronensaft.

Gefüllte Birnen mit Walnußquark

Harald's Superbirnen

Harald hat dieses Rezept nicht erfunden. Aber wenn es gefüllte Birnen gab, verdrehte er immer die Augen und stöhnte: Super!

Zutaten für 4–8 Personen:
4 reife Birnen mit nicht zu fester Schale · Saft von ½ Zitrone · 200 g Quark · 1–2 Eßl. flüssiger Honig oder Zuckerrohrgranulat · 6 Eßl. Milch · 1 Messerspitze gemahlener Zimt · 3 Eßl. Hafer-Vollkornflocken · 4 Eßl. Walnußkerne (etwa 40 g)

Pro Person etwa 1100 kJ/260 kcal
9 g Eiweiß · 14 g Fett · 26 g Kohlenhydrate · 5 g Ballaststoffe

Zubereitungszeit: etwa 20 Minuten

● Die Birnen gründlich waschen und halbieren. Das Kerngehäuse mit einem Löffel oder Kugelausstecher herauslösen.

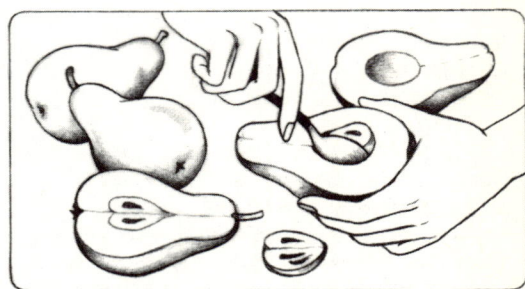

Damit du die Birnen füllen kannst, muß du das Kerngehäuse mit einem Löffel herauslösen.

● Die Birnenhälften auf Teller verteilen und sofort mit 1 Eßlöffel Zitronensaft beträufeln.
● Den Quark in einer Schüssel mit dem restlichen Zitronensaft, dem Honig oder dem Zuckerrohrgranulat, der Milch, dem Zimt und den Haferflocken gut verrühren.
● Von den Walnußkernen 8 Stück zum Garnieren zurücklegen. Die übrigen mit einem großen Messer grob hacken.
● Die gehackten Walnußkerne unter den Quark rühren.
● Den Walnußquark mit einem Eßlöffel in die ausgehöhlten Birnenhälften verteilen.
● Die gefüllten Birnen mit den 8 zurückgelegten Walnußkernen garnieren.

Tip: Harald's Superbirnen reichen auch für 8 Esser, wenn sie nicht allzu hungrig sind.

Im Herbst

Hirsedessert mit Fruchtsaucen

Zutaten für 4 Personen:
120 g Hirse · ¼ l Wasser · 1 Prise Salz ·
250 g Pflaumen · 250 g Aprikosen · 3 + 2 Eßl.
flüssiger Honig · Saft von ½ Zitrone · 125 g
Sahne · 8 Mandeln
Pro Person etwa 1700 kJ/400 kcal
6 g Eiweiß · 14 g Fett · 67 g Kohlenhydrate ·
4 g Ballaststoffe

Vorbereitungszeit: etwa 30 Minuten
Kühlzeit: etwa 30 Minuten
Fertigstellung: etwa 5 Minuten

- Die Hirse in ein Sieb geben und gründlich mit kaltem Wasser abspülen.
- Das Wasser mit dem Salz zum Kochen bringen. Die Hirse hineinschütten, umrühren und 10 Minuten im geschlossenen Kochtopf bei schwacher Hitze kochen.
- Den Kochtopf mit der Hirse von der Kochstelle nehmen und etwa 20 Minuten weiterquellen lassen.
- In der Zwischenzeit die Pflaumen und die Aprikosen gründlich waschen, halbieren und entsteinen.
- Die Früchte getrennt in zwei Rührschüsseln geben und mit dem Stabmixer pürieren. Es sollten zwei dickflüssige Saucen entstehen.
- 3 Eßlöffel vom Honig in der ausgequollenen warmen Hirse verrühren.
- Die Hirse etwa 30 Minuten kühl stellen.
- Die beiden Saucen mit den restlichen 2 Eßlöffeln Honig und dem Zitronensaft abschmecken.
- Die Sahne steif schlagen und unter die abgekühlte Hirse heben.
- Das Hirsedessert auf Teller verteilen, dekorativ und ganz dick mit den beiden Saucen bekleckern und mit den Mandeln garnieren.

Tip: Wenn du die Hirse am Vortag zubereitest, brauchst du nicht ungeduldig auf das Abkühlen zu warten. Die Hirse muß dann aber mit den Händen auseinandergebröselt werden. Im September gibt es schon Pflaumen und noch Aprikosen. Dieses Dessert schmeckt aber auch nur mit einer Sauce (dann die doppelte Menge zubereiten).

Zimtdickmilch mit Melonenkugeln

Zutaten für 4 Personen:
500 g Dickmilch · 2–3 Eßl. flüssiger Honig oder
Zuckerrohrgranulat · 2 Eßl. Zitronensaft ·
1 Teel. gemahlener Zimt · 1 Honigmelone
Pro Person etwa 720 kJ/170 kcal
5 g Eiweiß · 5 g Fett · 28 g Kohlenhydrate ·
1 g Ballaststoffe

Zubereitungszeit: etwa 15 Minuten

- Die Dickmilch in eine große Schüssel geben und mit dem Honig oder dem Zuckerrohrgranulat, dem Zitronensaft und dem Zimt mit einem Schneebesen verschlagen.
- Die gewürzte Dickmilch zu gleichen Teilen auf vier Dessertteller verteilen.
- Die Melone halbieren, die Kerne mit einem Eßlöffel herauskratzen. Mit einem Kugelausstecher Kugeln herauslösen oder die Melone vierteln, schälen und das Fruchtfleisch würfeln.
- Die Melonenkugeln zu gleichen Teilen in die Mitte der vier Dessertteller verteilen und eventuell noch mit gemahlenem Zimt bestäuben.

Tip: Du kannst die Dickmilch statt mit Honig mit Ahornsirup süßen. Auch Wassermelone eignet sich für dieses Dessert. Dann mußt du die Kerne mit einem Löffelstiel herauspulen.

Im Herbst

Apfelmus mit Haferflocken

Vereinigung

Hier sind rohe und gekochte Äpfel eine Vereinigung eingegangen. Ich denke, sie vertragen sich gut.

Zutaten für 4 Personen:
800 g säuerliche Äpfel (Boskop) · 3–4 Eßl. Wasser · Saft von 1 Zitrone · 1 Eßl. flüssiger Honig oder Zuckerrohrgranulat · 1 Messerspitze Vanillepulver · 4 Eßl. Hafer-Vollkornflocken
Pro Person etwa 630 kJ/150 kcal
2 g Eiweiß · 2 g Fett · 32 g Kohlenhydrate · 4 g Ballaststoffe

Zubereitungszeit: etwa 30 Minuten

● 400 g der Äpfel schälen, vierteln, vom Kerngehäuse befreien und in kleine Stücke schneiden.
● Die Apfelstückchen mit dem Wasser in einen kleinen Kochtopf geben und zugedeckt bei schwacher Hitze etwa 5 Minuten garen. Zwischendurch ab und zu umrühren.
● Die weichen Apfelstückchen mit einem Kartoffelstampfer zermusen.
● Die andere Hälfte der Äpfel schälen, vierteln, entkernen, vom Kerngehäuse befreien und auf der Rohkostreibe grob raspeln.
● Die Apfelraspel mit dem Zitronensaft sofort unter das heiße Apfelmus mischen. Den Honig oder das Zuckerrohrgranulat und das Vanillepulver untermengen.
● Eine Pfanne heiß werden lassen. Die Haferflocken hineingeben und bei mittlerer Hitze unter ständigem Wenden goldbraun rösten.
● Die gerösteten Haferflocken erst kurz vor dem Servieren über das Apfelmus streuen, sonst weichen sie durch. Das Apfelmus schmeckt lauwarm am besten.

Vermummte Äpfel

Zutaten für 4 Personen:
4 kleine säuerliche Äpfel (Boskop) · ¼ l Wasser · 2–3 Eßl. Honig oder Zuckerrohrgranulat · 1 Teel. abgeriebene unbehandelte Zitronenschale · Saft von ½ Zitrone · ½ Teel. Vanillepulver · 60 g Haselnußkerne · 2 Eßl. Weizenvollkornmehl · 125 g Sahne
Pro Person etwa 1300 kJ/310 kcal
4 g Eiweiß · 20 g Fett · 27 g Kohlenhydrate · 4 g Ballaststoffe

Zubereitungszeit: etwa 25 Minuten

● Die Äpfel schälen, achteln und vom Kerngehäuse befreien.
● Die Äpfel mit dem Wasser, dem Honig oder dem Zuckerrohrgranulat, der Zitronenschale, dem Zitronensaft und dem Vanillepulver in einen kleinen Kochtopf geben.
● Die Äpfel bei schwacher Hitze zugedeckt in etwa 5 Minuten weich kochen, aber nicht zerfallen lassen!
● Die Apfelschnitze mit einer Schaumkelle aus der Garflüssigkeit nehmen und auf vier Portionsschälchen verteilen.
● 40 g der Haselnußkerne im Blitzhacker oder in der Mandelmühle fein mahlen.
● Die Garflüssigkeit der Äpfel zum Kochen bringen.
● Das Weizenvollkornmehl mit dem Schneebesen einrühren und etwa 1 Minute unter Rühren kochen lassen.
● Den Topf vom Herd nehmen. Die gemahlenen Haselnüsse und die Sahne hinzufügen und gut verrühren.
● Die Apfelschnitze mit dieser sahnigen Haselnußsauce vermummen.
● Das Dessert mit den restlichen 20 g Haselnußkernen garnieren.
● Die Äpfel heiß servieren.

Im Herbst

Birnen-Salat mit Bananen-Schokosauce

Allgemeine Begeisterung

Allgemeine Begeisterung deshalb, weil wir wirklich noch niemanden kennengelernt haben, der von diesem Dessert nicht begeistert war.

Zutaten für 4 Personen:
1 reife Banane · 1 Teel. Zitronensaft ·
⅛ l Milch · 125 g Sahne · 1–2 Eßl. flüssiger
Honig oder Zuckerrohrgranulat · 1 gestrichener
Eßl. Kakaopulver · 1–2 Messerspitzen gemahlener Anis oder Vanillepulver · 2 große reife
Birnen · 2 Eßl. Cashewkerne (20 g) oder
8 Walnußkerne
Pro Person etwa 1000 kJ/240 kcal
5 g Eiweiß · 14 g Fett · 23 g Kohlenhydrate ·
4 g Ballaststoffe

Zubereitungszeit: etwa 10 Minuten

- Die Banane schälen und grob zerkleinern.
- Die Bananenstücke mit dem Zitronensaft, der Milch, der Sahne, dem Honig oder dem Zuckerrohrgranulat, dem Kakao und dem Anis oder der Vanille in eine hohe Rührschüssel geben und mit dem Stabmixer pürieren.
- Für den Salat die Birnen schälen, vierteln, vom Kerngehäuse befreien und in mundgerechte Würfel schneiden.
- Die Birnenwürfel auf vier Dessertteller verteilen und mit der köstlichen Bananen-Schokosauce begießen.
- Das Dessert mit den Cashewkernen oder den Walnußkernen garnieren.

Tip: Wenn die Birnenschale sehr mürbe ist, brauchst du die Birnen nicht zu schälen, sondern vor dem Würfeln nur gründlich zu waschen.

Mittwochs-Müsli

Wir haben dieses Müsli an einem Mittwoch zubereitet. Es schmeckt natürlich auch an allen anderen Wochentagen und selbstverständlich auch in jeder Jahreszeit, dann aber mit anderem Obst. Außerdem ist es nicht nur als Nachtisch geeignet, sondern du kannst es auch zum Frühstück, Abendbrot oder als kleine Zwischenmahlzeit genießen.

Zutaten für 4 Personen:
8 Eßl. fein geschroteter Weizen · 8 Eßl. Wasser · Saft von ½ Zitrone · 1 Eßl. flüssiger Honig
oder Zuckerrohrgranulat · 125 g Sahne · 1 süßlicher Apfel (Cox Orange) · 1 Eßl. ungeschwefelte helle oder dunkle Rosinen · 100 g helle
oder rote Weintrauben
Pro Person etwa 920 kJ/220 kcal
4 g Eiweiß · 11 g Fett · 28 g Kohlenhydrate ·
4 g Ballaststoffe

Quellzeit: 6 Stunden oder über Nacht
Zubereitungszeit: etwa 15 Minuten

- Den Weizenschrot mit dem Wasser verrühren und zugedeckt etwa 6 Stunden kühl stellen.
- Dann den Zitronensaft und den Honig oder das Zuckerrohrgranulat unter den Weizenschrot mengen.
- Die Sahne leicht schlagen und unterheben.
- Den Apfel gründlich waschen, vierteln, vom Kerngehäuse befreien und auf der Rohkostreibe grob reiben.
- Die Apfelraspel und die Rosinen unter das Müsli mischen.
- Die Weintrauben gründlich waschen, halbieren und, wenn du möchtest, auch entkernen.
- Das Müsli auf vier Dessertteller verteilen und mit den Weintrauben garnieren.

Im Winter

Wie ernähren wir uns im Winter? Gibt es da überhaupt frisches Gemüse? Du sagst, ihr habt keinen Keller und keine Speisekammer, um lagerfähiges Gemüse aufzubewahren? Also was bleibt dir übrig? Wenn du durchgefroren in den Supermarkt kommst, mußt du nicht unbedingt auch noch in die Tiefkühltruhe greifen. Weißt du eigentlich, daß es nur 15 Sekunden dauert, eine Möhre zu schälen? Wir alle sollten lernen, uns von den Gemüse- und Obstsorten zu ernähren, die im Winter frisch erhältlich sind. Und es gibt viele:

Ananas, Avocados, Äpfel, Bananen, Birnen, Broccoli, Chinakohl, Grapefruits, Grünkohl, Kiwis, Kohl, Knollensellerie, Feldsalat, Fenchel, Mandarinen, Möhren, Orangen, Pastinaken, Porree, Rettich, rote Bete, Rosenkohl, Stangen- oder Staudensellerie, Steckrübe, Tomaten, Wirsing, Zitronen und Zwiebeln.

Salate

Wintersalate müssen nicht langweilig sein. Laß dich inspirieren.

Möhrenhäufchen mit Joghurtsauce

Zutaten für 4 Personen:
Für den Salat:
500 g Möhren · 100 g Haselnußkerne
Für die Sauce:
150 g Joghurt · einige Prisen Salz · ½–1 Eßl. flüssiger Honig oder Zuckerrohrgranulat · 2 Eßl. Zitronensaft · 1 Teel. gemahlener Koriander · 2 Eßl. kaltgepreßtes, nicht raffiniertes Sonnenblumenöl
Pro Person etwa 1200 kJ/290 kcal
6 g Eiweiß · 22 g Fett · 13 g Kohlenhydrate · 6 g Ballaststoffe

Zubereitungszeit: etwa 20 Minuten

● Für den Salat die Möhren gründlich waschen, mit dem Sparschäler schälen und auf der Rohkostreibe grob raspeln.
● Die Haselnußkerne auf ein Brett schütten. 8 Haselnußkerne zum Garnieren zur Seite legen, die anderen mit einem großen Messer grob hacken.
● Die beiden Salatzutaten in einer großen Schüssel gut vermengen, dann kleine Häufchen auf vier Portionsteller setzen.
● Für die Sauce den Joghurt, das Salz, den Honig oder das Zuckerrohrgranulat, den Zitronensaft und den Koriander in einer kleinen Schüssel mit einem Schneebesen gründlich verschlagen.
● Das Sonnenblumenöl hinzufügen und gut verrühren.
● Das Abschmecken nicht vergessen.
● Die Sauce über die vier Salathäufchen verteilen. Diese mit den übriggelassenen Haselnußkernen garnieren.

Rote-Bete-Raspel-Rohkost mit Äpfeln

Zutaten für 4 Personen:
Für die Sauce:
3 Eßl. Zitronensaft · 1–2 Teel. flüssiger Honig oder Zuckerrohrgranulat · einige Prisen Salz · 1 Messerspitze gemahlener Anis · 1 Eßl. kaltgepreßtes, nicht raffiniertes Sonnenblumenöl
Für den Salat:
500 g rote Bete · 2 säuerliche Äpfel (Boskop)
Zum Bestreuen:
2 Eßl. Sesamsamen
Pro Person etwa 630 kJ/150 kcal
3 g Eiweiß · 5 g Fett · 22 g Kohlenhydrate · 5 g Ballaststoffe

Zubereitungszeit: etwa 20 Minuten

● Für die Sauce den Zitronensaft, den Honig oder das Zuckerrohrgranulat, das Salz und den Anis in einer großen Schüssel mit einem Schneebesen verschlagen.
● Das Sonnenblumenöl hinzufügen und rühren, bis die Sauce leicht cremig ist.
● Das Abschmecken nicht vergessen.
● Für den Salat die roten Beten waschen, wie einen Apfel schälen, in handliche Stücke zerteilen und auf der Rohkostreibe grob raspeln. Die Äpfel schälen, vierteln, vom Kerngehäuse befreien und ebenfalls grob raspeln.
● Die Salatzutaten in die große Schüssel zur Sauce geben und alles gut vermengen.
● Den Salat mit den Sesamsamen bestreuen.

Tip: Statt mit Anis kannst du diese Rohkost auch mit der gleichen Menge gemahlenem Kümmel oder Koriander abschmecken.

Steckrübenrohkost mit Lauch
Sonnen-Salat

Als der Direktor unserer Schule diesen Salat kostete, sagte er: »Da geht ja wirklich die Sonne auf!«

Zutaten für 4 Personen:
Für die Sauce:
200 g Crème fraîche oder Schmand · Saft von 1 Zitrone · 1–2 Teel. flüssiger Honig oder Zukkerrohrgranulat · ½ Teel. Currypulver · einige Prisen Salz · weißer Pfeffer, frisch gemahlen · 2 Eßl. kaltgepreßtes, nicht raffiniertes Sonnenblumenöl
Für den Salat:
250 g Steckrübe, geputzt (Seite 13) · 1 großer süßlicher Apfel (Cox Orange oder Golden Deli-

cicus) · 1 kleine Lauchstange · 5 Eßl. Sonnenblumenkerne
Pro Person etwa 1300 kJ/310 kcal
3 g Eiweiß · 26 g Fett · 14 g Kohlenhydrate · 4 g Ballaststoffe

Zubereitungszeit: etwa 25 Minuten

● Für die Sauce die Crème fraîche oder den Schmand, den Zitronensaft, den Honig oder das Zuckerrohrgranulat, den Curry, das Salz und Pfeffer in einer großen Schüssel mit einem Schneebesen verschlagen.
● Das Sonnenblumenöl hinzufügen und gut verrühren.
● Das Abschmecken nicht vergessen.
● Für den Salat die Steckrübe auf der Rohkostreibe grob raspeln. Den Apfel gründlich waschen, vierteln, vom Kerngehäuse befreien und würfeln. Von der Lauchstange die dunkelgrünen Blattenden und die Wurzelverdickung abschneiden. Die zähe äußere Haut einritzen und entfernen. Den Lauch vom grünen Ende her kreuzweise einschneiden. Die Stange gründlich unter fließendem Wasser abspülen, anschließend sehr fein schneiden.
● Die Steckrübenraspel, die Apfelwürfel und den Lauch mit 4 Eßlöffeln Sonnenblumenkernen in die Sauce geben und gut untermengen.
● Den Salat mit den restlichen Sonnenblumenkernen bestreuen.

Ganz in Grün – der Nudelsalat mit Spinat, Paprika, Zucchini und Petersilie. Das Rezept dafür steht auf Seite 44. ▷

Rotkohl-Weißkohl-Salat

Dieser Salat ist nicht weiß und nicht rot. Er wird rosa. Oder wird er lila? Violett? Pink wird er auf keinen Fall.

Zutaten für 4 Personen:
Für den Salat:
200 g Rotkohl, geputzt (Seite 11) · 200 g Weiß-kohl, geputzt (Seite 11) · 2 große säuerliche Äpfel · 12 ungeschwefelte Backpflaumen ohne Stein
Für die Sauce:
Saft von ½ Zitrone · 1–2 Teel. flüssiger Honig oder Zuckerrohrgranulat · einige Prisen Salz · sehr viel schwarzer Pfeffer, frisch gemahlen · 4 Eßl. kaltgepreßtes, nicht raffiniertes Sonnen-blumenöl
Zum Garnieren:
4 Eßl. Sonnenblumenkerne
Pro Person etwa 1075 kJ/260 kcal
5 g Eiweiß · 16 g Fett · 25 g Kohlenhydrate · 6 g Ballaststoffe

Zubereitungszeit: etwa 20 Minuten
Zeit zum Durchziehen: etwa 20 Minuten

• Die beiden geputzten Kohlsorten auf der Rohkostreibe fein raspeln.
• Die Kohlraspel in eine große stabile Schüssel geben und mit dem Fleischklopfer oder der Faust stampfen, bis der Kohl glasig und mürbe wird.

◁ Sprossen keimen macht wenig Mühe (von links nach rechts): Die Samen einweichen, dann kalt abspülen. Das Glas mit Mull und Gummi verschließen. Die Samen täglich einweichen und das Wasser gründlich abtropfen lassen. So sehen die fertigen Sprossen aus: Mungobohnen, Alfalfa, Rettich und Weizen. Die genaue Anleitung findest du ab Seite 14.

• Die Äpfel gründlich waschen, vierteln, vom Kerngehäuse befreien und in schmale Schnitze schneiden. Die Backpflaumen in dünne Streifen schneiden.
• Die Apfelschnitze und die Backpflaumenstreifen zum Kohl geben.
• Für die Sauce den Zitronensaft, den Honig oder das Zuckerrohrgranulat, das Salz und den Pfeffer mit einem Schneebesen verschlagen.
• Das Sonnenblumenöl hinzufügen und rühren, bis die Sauce leicht cremig ist.
• Das Abschmecken nicht vergessen.
• Die Sauce über die Kohlraspel gießen und alles gut vermengen.
• Den Salat etwa 20 Minuten ziehen lassen.
• Den Salat auf Teller verteilen und mit den Sonnenblumenkernen bestreuen.

Tip: Der Salat schmeckt auch mit Rosinen oder Walnußkernen bestreut sehr gut.

Sellerie-Bananen-Salat

Knolle und Partner

Zutaten für 4 Personen:
Für die Sauce:
100 g Sahne · Saft von 1 Zitrone · 1 Eßl. flüssi-ger Honig oder Zuckerrohrgranulat · einige Pri-sen Salz · 2 Messerspitzen gemahlener Ingwer
Für den Salat:
1 Sellerieknolle (etwa 500 g) · 1 große Banane · 4 Eßl. Walnußkerne
Pro Person etwa 660 kJ/160 kcal
3 g Eiweiß · 8 g Fett · 17 g Kohlenhydrate · 7 g Ballaststoffe

Zubereitungszeit: etwa 25 Minuten

• Für die Sauce die Sahne mit dem Zitronen-saft, dem Honig oder dem Zuckerrohrgranulat, dem Salz und dem Ingwer in einer großen Schüssel mit einem Schneebesen verschlagen.

● Für den Salat die Sellerieknolle unter fließendem Wasser mit einer harten Bürste vom Schmutz befreien. Den Wurzel- und Stengelansatz mit einem großen scharfen Messer abschneiden und die Knolle in dicke Scheiben zerteilen. Die Scheiben schälen und auf der Rohkostreibe grob raspeln.

● Die Sellerieraspel sofort unter die Sauce mengen.

● Die Banane schälen, in dünne Scheiben schneiden und ebenfalls sofort untermischen.

● Die Walnußkerne mit einem großen Messer grob hacken und über die Knolle und ihren Partner streuen.

Tip: Wenn du ein langsamer Raspler bist, mußt du die geschälten Selleriestücke in Wasser mit 1 kräftigen Spritzer Zitronensaft legen, während du raspelst. Sie verfärben sich sonst.

Champignonsalat mit roten Tupfen

Zutaten für 4 Personen:
Für die Sauce:
3 Eßl. Obstessig · 1 Eßl. Sojasauce · einige Prisen Salz · 1 Teel. flüssiger Honig oder Zuckerrohrgranulat · ½ Teel. getrockneter Majoran · schwarzer Pfeffer, frisch gemahlen · 3 Eßl. kaltgepreßtes, nicht raffiniertes Olivenöl
Für den Salat:
300 g Champignons · 1 kleine Zwiebel · 1 Knoblauchzehe · 1 rote Paprikaschote
Pro Person etwa 400 kJ/95 kcal
3 g Eiweiß · 8 g Fett · 3 g Kohlenhydrate · 3 g Ballaststoffe

Zubereitungszeit: etwa 25 Minuten

● Für die Sauce den Obstessig, die Sojasauce, das Salz, den Honig oder das Zuckerrohrgranulat, den Majoran und Pfeffer in einer großen Schüssel mit einem Schneebesen gut verschlagen.

● Das Olivenöl hinzufügen und rühren, bis die Sauce leicht cremig ist.

● Das Abschmecken nicht vergessen.

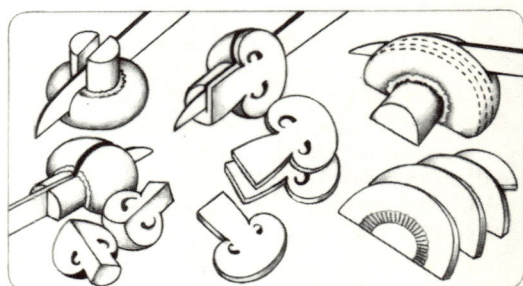

Nach dem Putzen lassen sich Pilze auf verschiedene Arten schneiden. In jedem Fall brauchst du ein scharfes Messer mit dünner Klinge.

● Für den Salat die Champignons unter kaltem Wasser abbrausen, Schmutzteilchen mit einer weichen Bürste entfernen und eventuell vorhandene braune Stellen herausschneiden. Die Champignons in feine Scheiben schneiden. Die Zwiebel schälen und fein würfeln. Die Knoblauchzehe schälen, in kleine Stücke schneiden und mit einer Messerklinge zerdrücken. Die Paprikaschote gründlich waschen, längs halbieren, die Stielansätze herausschneiden, die Kerne und Trennhäute entfernen. Die Paprikahälften zuerst in schmale Streifen schneiden, dann klein würfeln.

● Alle Salatzutaten zur Sauce geben und vorsichtig untermengen.

Tip: Zu diesem Salat passen Alfalfasprossen sehr gut.

Chinakohl mit französischer Salatsauce

China und Frankreich auf einem Teller. Aber ich wette, daß weder in China noch in Frankreich je einer von diesem Salat gehört hat.

Zutaten für 4 Personen:
Für die Sauce:
4 Eßl. Obstessig · 4 Eßl. Tomatenmark oder Tomatenpüree (Reformhaus) · 4 leicht gehäufte Eßl. Crème fraîche · 1 Teel. flüssiger Honig oder Zuckerrohrgranulat · 3 gestrichene Teel. edelsüßes Paprikapulver · knapp ½ Teel. Salz · schwarzer Pfeffer, frisch gemahlen · 8 Eßl. kaltgepreßtes, nicht raffiniertes Olivenöl
Für den Salat:
500 g Chinakohl, geputzt (Seite 10) ·
1 Tasse Rettichsprossen (Seite 14)
Pro Person etwa 1200 kJ/296 kcal
3 g Eiweiß · 28 g Fett · 5 g Kohlenhydrate ·
2 g Ballaststoffe

Zubereitungszeit: etwa 15 Minuten

● Für die Sauce den Obstessig, das Tomatenmark oder -püree, die Crème fraîche, den Honig oder das Zuckerrohrgranulat, das Paprikapulver, das Salz und Pfeffer in einer kleinen Schüssel mit einem Schneebesen verschlagen.
● Das Olivenöl hinzufügen und gut unterrühren.
● Das Abschmecken nicht vergessen.
● Für den Salat den Chinakohl in sehr feine Streifen schneiden und in einer großen Schüssel mit den Rettichsprossen vermengen.
● Salat und Sauce werden nicht vermengt, sondern jeder Mitgenießer nimmt sich selbst von dem Salat aus der großen Schüssel und gießt sich die gewünschte Menge der französischen Sauce darüber.

Tip: Die leicht pfeffrigen Rettichsprossen schmecken ganz ausgezeichnet in diesem Salat. Aber du kannst natürlich auch Mungokeime oder deine ganz speziellen Lieblingssprossen verwenden. Solltest du die Sprossengärtnerei einmal vernachlässigt haben, verwende Kresse.

Weißkohlsalat mit roter Sauce
Saure Liebe

Der Name dieses Wintersalates klingt ein bißchen nach Liebeskummer. Aber der wird – falls vorhanden – bestimmt ein wenig gemildert sein, nachdem du diesen Salat genossen hast.

Zutaten für 4 Personen:
Für den Salat:
500 g Weißkohl, geputzt (Seite 11)
Für die Sauce:
4 Eßl. Zitronensaft · 2 Eßl. naturtrüber Apfel- oder Orangensaft · 1 Eßl. Tomatenmark · ½ Teel. flüssiger Honig oder Zuckerrohrgranulat · ½ Teel. edelsüßes Paprikapulver · ½ Teel. getrockneter Majoran · einige Prisen Salz · sehr viel schwarzer Pfeffer, frisch gemahlen · 1 kleine Zwiebel · 4 Eßl. kaltgepreßtes, nicht raffiniertes Sonnenblumenöl
Zum Garnieren:
½ Tasse Alfalfasprossen (Seite 14)
Pro Person etwa 570 kJ/140 kcal
2 g Eiweiß · 10 g Fett · 8 g Kohlenhydrate ·
4 g Ballaststoffe

Zubereitungszeit: etwa 20 Minuten
Zeit zum Durchziehen: 15–20 Minuten

● Den Weißkohl auf der Rohkostreibe fein raspeln und in eine große stabile Schüssel geben. Mit einem Fleischklopfer oder der Faust stampfen, bis der Weißkohl glasig und mürbe wird.

- Für die Sauce den Zitronensaft, den Apfel- oder Orangensaft, das Tomatenmark, den Honig oder das Zuckerrohrgranulat, das Paprikapulver, den Majoran, das Salz und den Pfeffer in einer kleinen Schüssel mit einem Schneebesen verschlagen.
- Die Zwiebel schälen, sehr fein würfeln und zur Sauce geben.
- Das Sonnenblumenöl hinzufügen und rühren, bis die Sauce leicht cremig ist.
- Das Abschmecken nicht vergessen.
- Die Sauce über den Weißkohl gießen und alles gut vermengen.
- Den Salat 15–20 Minuten ziehen lassen.
- Den Salat vor dem Servieren mit den Alfalfasprossen umkränzen.

Hauptgerichte

Im Winter Spannung auf dem Vollwertteller. Ist das möglich? Es ist!

Nudelsuppe mit Möhrenraspeln

Blitz und Donner

Diese Suppe ist blitzschnell fertig, und deine Mitgenießer werden dir sicher donnernden Applaus spenden.

Zutaten für 4 Personen:
600 g Möhren · 1 kleine Zwiebel · 1 Eßl. Butter (20 g) · ¾ l Wasser · 1½ Eßl. gekörnte Gemüsebrühe · 1 Teel. gemahlener Koriander · 1 Tasse Vollkorn-Spinatnudeln (100 g) · ¼ l Möhrensaft · 1 Eßl. Zitronensaft · einige Prisen Salz
Pro Person etwa 830 kJ/200 kcal
6 g Eiweiß · 5 g Fett · 31 g Kohlenhydrate · 7 g Ballaststoffe

Vorbereitungszeit: etwa 15 Minuten
Garzeit: etwa 8 Minuten

- Die Möhren gründlich waschen, mit dem Sparschäler schälen und auf der Rohkostreibe grob raspeln. Die Zwiebel schälen und würfeln.
- Die Butter in einem großen Kochtopf zerlassen und die Zwiebelwürfel darin unter ständigem Rühren glasig dünsten.
- Die Möhrenraspel hinzufügen und etwa 1 Minuten mitdünsten.
- Das Wasser, die gekörnte Gemüsebrühe, den Koriander und die Nudeln dazugeben und umrühren.
- Die Suppe im geschlossenen Kochtopf einmal aufkochen lassen, anschließend bei schwacher Hitze etwa 8 Minuten garen.
- Den Möhrensaft dazugießen. Die Suppe mit dem Zitronensaft und dem Salz abschmecken.

Grünkohlsuppe mit Grünkern

Doppelgrün

Doppelgrün heißt diese Suppe deshalb, weil zwei grüne Zutaten darin vorkommen, nämlich Grünkohl und Grünkern.

Zutaten für 4 Personen:
400 g Grünkohl · 1 kleine Zwiebel · 1 Knoblauchzehe · 1 Eßl. Butter (20 g) · 60 g Grünkernmehl · ¾ l Wasser · 1½ Eßl. gekörnte Gemüsebrühe · 2 Eßl. Sojasauce · 250 g Sahne · ½ Teel. gemahlener Kümmel · einige Prisen Salz
Pro Person etwa 1300 kJ/310 kcal
8 g Eiweiß · 25 g Fett · 15 g Kohlenhydrate · 5 g Ballaststoffe

Vorbereitungszeit: etwa 15 Minuten
Garzeit: etwa 10 Minuten

- Den Grünkohl sehr gründlich waschen und von den Stengeln streifen. Etwa 200 g sollten für die Suppe übrig bleiben. Den abgestreiften Grünkohl in feinste Streifen schneiden. Die Zwiebel schälen und würfeln. Die Knoblauchzehe schälen, in kleine Stücke schneiden und mit einer Messerklinge zerdrücken.
- Die Butter in einem großen Kochtopf zerlassen, die Zwiebelwürfel und die zerdrückte Knoblauchzehe darin glasig dünsten.
- Das Grünkernmehl dazugeben und etwa 1 Minute unter Rühren etwas anrösten.
- Das Wasser unter ständigem Rühren mit einem Schneebesen einfließen lassen.
- Die gekörnte Gemüsebrühe, die Sojasauce und die Grünkohlstreifen hinzufügen und umrühren. Die Suppe zugedeckt etwa 10 Minuten garen.
- Die Sahne und den Kümmel einrühren und die Suppe mit dem Salz abschmecken.

Tip: Statt Grünkohl kannst du für diese Suppe auch mal Lauch verwenden. Dann heißt sie immer noch Doppelgrün.

Pastinakensuppe mit Sprossen

Aus dem Holzweg

Früher fand man Pastinaken in fast jedem Bauerngarten, dann geriet das leckere Gemüse leider lange Zeit in Vergessenheit. Jetzt kannst du diese kräftige weiße oder gelbliche Wurzel schon wieder auf vielen Wochenmärkten oder beim Biobauern bekommen. Übrigens: Diese Suppe hat einen merkwürdigen Namen. Sie heißt so, weil wir sie zum erstenmal in einem Haus gekocht haben, das in unserer kleinen Stadt im Holzweg steht.

Zutaten für 4 Personen:
500 g Pastinaken · 1 kleine Zwiebel ·
1 Eßl. Butter (20 g) · ½ l Milch · ½ l Wasser ·
1–1½ Eßl. gekörnte Gemüsebrühe ·
1 Knoblauchzehe · einige Prisen Salz ·
sehr viel weißer Pfeffer, frisch gemahlen ·
Muskatnuß, frisch gerieben · ½ Tasse Sprossen deiner Wahl (Seite 14)
Pro Person etwa 650 kJ/150 kcal
6 g Eiweiß · 9 g Fett · 11 g Kohlenhydrate ·
15 g Ballaststoffe

Vorbereitungszeit: etwa 15 Minuten
Garzeit: 10–15 Minuten
Fertigstellung: etwa 5 Minuten

- Die Pastinaken unter fließendem Wasser mit einer harten Bürste gründlich vom Schmutz befreien, schälen und in kleine gleichmäßige Stücke schneiden. Nach dem Putzen der Pastinaken solltest du 300–350 g für deine Suppe übrig behalten haben.
- Die Zwiebel schälen und würfeln.
- Die Butter in einem großen Kochtopf zerlassen. Die Zwiebelwürfel darin glasig dünsten.
- Die Pastinakenstückchen dazugeben und etwa 1 Minute mitdünsten. Das Rühren dabei nicht vergessen!
- Mit der Milch und dem Wasser auffüllen und die gekörnte Gemüsebrühe hinzufügen.
- Die Suppe einmal aufkochen lassen, dann zugedeckt bei schwacher Hitze 10–15 Minuten garen.
- Während die Suppe gart, die Knoblauchzehe schälen, in kleine Stücke schneiden und mit einer Messerklinge zerdrücken. Den Knoblauch zur gegarten Suppe geben.
- Die Pastinakensuppe mit dem Stabmixer pürieren, bis sie cremig und weiß wird. Mit dem Salz, dem Pfeffer und Muskat abschmecken.
- Die Suppe in Teller verteilen und mit den Sprossen deiner Wahl garnieren.

Linsensuppe mit Äpfeln

Panmixie

Panmixie ist laut Fremdwörterduden eine Kreuzung einer zufallsbedingten Paarung. Ob die Zutaten dieser Suppe nun zufällig oder bewußt zusammengestellt wurden, weiß ich nicht mehr. Ich weiß nur, daß sie mit den herkömmlichen Linsensuppen nicht zu vergleichen ist.

Zutaten für 4 Personen:
300 g Linsen · 2 l Wasser · 2 Zwiebeln ·
2 säuerliche Äpfel (Boskop) · 2 Eßl. kaltgepreßtes, nicht raffiniertes Olivenöl · 2 Eßl. gekörnte Gemüsebrühe · 1 Eßl. getrockneter Majoran ·
100 g Crème fraîche oder Schmand ·
1 Teel. gemahlener Piment · einige Prisen Salz
Zum Bestreuen:
4 Eßl. Kürbiskerne
Pro Person etwa 2000 kJ/480 kcal
22 g Eiweiß · 21 g Fett · 52 g Kohlenhydrate ·
12 g Ballaststoffe

Quellzeit: über Nacht
Zubereitungszeit: etwa 10 Minuten
Garzeit: etwa 40 Minuten

● Am Vorabend die Linsen in ein Sieb schütten und mit kaltem Wasser abspülen. Dann in einer Schüssel in 1 l kaltem Wasser einweichen.
● Am nächsten Tag die Zwiebeln schälen und würfeln. Die Äpfel schälen, vierteln, vom Kerngehäuse befreien und in schmale Schnitze schneiden.
● Das Olivenöl in einem großen Kochtopf erhitzen. Die Zwiebelwürfel und die Apfelschnitze darin glasig dünsten.
● Die Linsen mit dem Einweichwasser in den Kochtopf geben. Noch einmal 1 l Wasser, die gekörnte Gemüsebrühe und den Majoran hinzufügen und verrühren.

● Die Suppe einmal aufkochen lassen, dann bei schwacher Hitze zugedeckt etwa 40 Minuten garen.
● Die Suppe mit dem Stabmixer pürieren. Dabei die Crème fraîche oder den Schmand dazugeben.
● Die Suppe mit dem Piment würzen und mit dem Salz abschmecken, in Teller füllen und mit den Kürbiskernen bestreuen.

Tip: Wenn du Crème fraîche oder Schmand übrig behalten hast, garniere Panmixie mit je 1 Klecks davon.

Kichererbsengemüse mit Möhren

Lachfalte

Vom vielen Kichererbsenessen mußt du sicher soviel kichern, daß du 'ne Lachfalte bekommst.

Zutaten für 4 Personen:
300 g Kichererbsen · 500 g Möhren · 1 kleine Zwiebel · 2 Eßl. Butter (40 g) · ¼ l Wasser ·
1 Teel. gekörnte Gemüsebrühe · 1 Teel. getrockneter Majoran · einige Prisen Salz ·
2 Messerspitzen Muskatnuß, frisch gerieben
Pro Person etwa 1400 kJ/330 kcal
17 g Eiweiß · 11 g Fett · 44 g Kohlenhydrate ·
12 g Ballaststoffe

Quellzeit: über Nacht
Vorbereitungszeit: etwa 20 Minuten
Garzeit: etwa 25 Minuten

● Am Vorabend die Kichererbsen in ein Sieb schütten und unter fließendem Wasser gründlich abspülen. Die Kichererbsen in eine große Schüssel geben, mit etwa ½ l Wasser übergießen (die Kichererbsen sollten mit Wasser bedeckt sein) und zugedeckt über Nacht quellen lassen.

● Am nächsten Tag die Möhren gründlich waschen, mit dem Sparschäler schälen und in dünne Scheiben schneiden. Die Zwiebel schälen und würfeln.

● Die Butter in einem Kochtopf zerlassen und die Zwiebelwürfel darin glasig dünsten.

● Die Kichererbsen mit dem Einweichwasser, dem Wasser, der gekörnten Gemüsebrühe und dem Majoran dazugeben.

● Die Kichererbsen im geschlossenen Kochtopf bei schwacher Hitze etwa 15 Minuten köcheln lassen.

● Dann die Möhrenscheiben unterrühren und alles in weiteren 10 Minuten fertig garen.

● Das Gemüse mit dem Salz und dem Muskat abschmecken.

Tip: Du kannst zusätzlich 1 Bund gehackte Petersilie unter das Kichererbsengemüse mischen. Oder hast du einen eigenen Garten? Vielleicht ist es frostfrei und du findest 1 Handvoll Vogelmiere!

Gebackenes Kartoffelpüree mit Käsekruste

Zutaten für 4 Personen:
1 kg mehlige oder festkochende Kartoffeln ·
knapp ½ l Wasser · 1 kräftige Prise + 1 Teel.
Salz · 100 g mittelalter Gouda · 3 Eiweiß · 3 Ei-
gelb · 1+2 Eßl. Butter (60 g) · 200 g Sahne
(oder halb Sahne, halb Milch) · weißer oder
schwarzer Pfeffer, frisch gemahlen · Muskat-
nuß, frisch gerieben
Pro Person etwa 2500 kJ/600 kcal
18 g Eiweiß · 41 g Fett · 41 g Kohlenhydrate ·
6 g Ballaststoffe

Vorbereitungszeit: etwa 45 Minuten
Backzeit: 35–40 Minuten

● Die Kartoffeln waschen, schälen und halbieren. Wenn du nicht zu dick schälst, bleiben 750–800 g Kartoffeln übrig.

● Das Wasser mit der Prise zum Kochen bringen. Die Kartoffeln hineingeben und zugedeckt einmal aufkochen, dann bei schwacher Hitze 20–25 Minuten garen.

● Während die Kartoffeln garen, den Gouda für die Käsekruste grob reiben.

● Die Eiweiße zu sehr steifem Schnee schlagen. Den geriebenen Käse und den Eischnee zur Seite stellen.

● Jetzt ist noch Zeit, eine Auflaufform oder Springform mit 1 Eßlöffel der Butter gründlich auszufetten.

● Die Garflüssigkeit der gekochten Kartoffeln abgießen.

● Den Backofen auf 225° vorheizen.

● Die Eigelbe, die restlichen 2 Eßlöffel Butter, die Sahne und den Teelöffel Salz zu den heißen Kartoffeln geben und mit einem Kartoffelstampfer zu Brei zerstampfen. Anschließend mit einem Schneebesen kräftig durchschlagen.

● Den Brei mit Pfeffer und Muskat abschmecken. Den Eischnee sorgfältig unterheben.

● Die Kartoffelmasse in die gefettete Form füllen. Die Oberfläche glattstreichen und gleichmäßig mit dem geriebenen Gouda bestreuen.

● Das Kartoffelpüree im heißen Backofen (Mitte) in 35–40 Minuten backen, bis es eine goldbraune Kruste hat.

Tip: Während das Kartoffelpüree im Backofen goldbraun wird, kannst du einen Salat zubereiten. Wie wäre es mit Steckrübenrohkost mit Lauch, Rezept Seite 70 oder magst du lieber Chinakohl mit französischer Salatsauce, Rezept Seite 75?

Grüne Nudeln in Senfsauce für Eilige

Die Nudeln brauchen etwa 8 Minuten zum Garen. Und genau in dieser Zeit ist auch die leckere Senfsauce fertig. Werde nicht nervös, wenn die Zubereitung der Sauce 1–2 Minuten länger dauert, Vollkornnudeln sind robust und halten es auch noch einen kleinen Augenblick länger im heißen Wasser aus.

Zutaten für 4 Personen:
1½ l Wasser · ½ Teel. Salz · 1 Eßl. kaltgepreßtes, nicht raffiniertes Sonnenblumenöl ·
250 g Vollkorn-Spinatnudeln
Für die Sauce:
1 kleine Zwiebel · 1 Eßl. Butter (20 g) · 3 gehäufte Eßl. Weizenvollkornmehl · ¼ l Wasser ·
¼ l Milch · 1 gehäufter Teel. gekörnte Gemüsebrühe · 2 Eßl. mittelscharfer Senf · 1 Eßl. Zitronensaft · einige Prisen Salz · weißer oder schwarzer Pfeffer, frisch gemahlen
Zum Bestreuen:
4 Eßl. Sonnenblumenkerne
Pro Person etwa 1700 kJ/400 kcal
16 g Eiweiß · 15 g Fett · 51 g Kohlenhydrate · 7 g Ballaststoffe

Zubereitungszeit: etwa 15 Minuten

● Das Wasser mit dem Salz und dem Sonnenblumenöl im geschlossenen Kochtopf zum Kochen bringen.
● Die Nudeln hineingeben, umrühren und zugedeckt etwa 8 Minuten garen.
● Nach der Garzeit die Nudeln in ein Sieb schütten und abtropfen lassen.
● Während die Nudeln garen, bereitest du die Sauce.
● Die Zwiebel schälen und würfeln.
● Die Butter in einem kleinen Kochtopf zerlassen und die Zwiebel darin glasig dünsten.

● Das Weizenvollkornmehl hinzufügen und unter Rühren etwas anbräunen.
● Das Wasser und die Milch dazugießen und die gekörnte Gemüsebrühe dazugeben. Mit einem Schneebesen kräftig durchschlagen. Die Sauce unter ständigem Rühren etwa 2 Minuten bei schwacher Hitze kochen. Vorsicht, sie brennt leicht an!
● Die Sauce vom Herd nehmen. Den Senf und den Zitronensaft unterrühren. Mit dem Salz und Pfeffer abschmecken.
● Die Sauce zu den abgetropften Vollkornnudeln reichen.
● Jede Portion mit Sonnenblumenkernen bestreuen.

Vollkornpfannkuchen der Marke Sattmacher

Zutaten für 4 Personen:
250 g Weizenvollkornmehl · ½ l Milch · 3 Eier · einige Prisen Salz · 1 Teel. flüssiger Honig oder Zuckerrohrgranulat · etwa 8 Eßl. Ahornsirup (am besten die ganze Flasche auf den Tisch stellen)
Zum Braten: Pflanzenmargarine
Pro Person etwa 2035 kJ/480 kcal
16 g Eiweiß · 19 g Fett · 63 g Kohlenhydrate · 7 g Ballaststoffe

Vorbereitungszeit: etwa 5 Minuten
Quellzeit: etwa 20 Minuten
Garzeit: etwa 30 Minuten

● Das Weizenvollkornmehl in einer großen Schüssel mit der Milch, den Eiern, dem Salz und dem Honig oder Zuckerrohrgranulat mit einem Schneebesen gründlich verschlagen.
● Den Teig zugedeckt etwa 20 Minuten quellen lassen.

• Eine Pfanne auf der Kochstelle heiß werden lassen. Vorsicht, bleib' dabei stehen. Dann 1 Eßlöffel Pflanzenmargarine in die Pfanne geben und schmelzen lassen.

• Mit einer Suppenkelle etwas Teig in die Pfanne füllen, so daß der Boden eben bedeckt ist. Den Pfannkuchen bei mittlerer Hitze backen, bis der Teig auch an der Oberfläche stockt. Den Pfannkuchen wenden und auch auf der anderen Seite goldbraun backen.

Den Deckel auflegen und die Pfanne umdrehen. Der Pfannkuchen liegt dann gewendet auf dem Deckel, und du kannst ihn wieder in die Pfanne geben.

• Für jeden weiteren Pfannkuchen etwa 1 Teelöffel Pflanzenmargarine in der Pfanne schmelzen lassen.

• Die Pfannkuchen mit Ahornsirup beträufelt entweder sofort essen oder im Backofen warm halten, bis alle hungrigen Mitgenießer erschienen sind.

Tip: Zu den Sattmacherpfannkuchen schmeckt das Dessert Apfelmus mit Haferflocken (Rezept Seite 67) ganz wunderbar.

Desserts

Schon wieder kein traumhafter Winter? Dafür aber traumhafte Desserts – vielleicht mit ein paar netten Freunden?

Chinakohl-Salat-Dessert

Große Tochter

Große Tochter sagt: Dieser Salat braucht viel Sauce!

Zutaten für 4 Personen:
Für die Sauce:
500 g Dickmilch · Saft von ½ Zitrone ·
2 Eßl. flüssiger Honig oder Zuckerrohrgranulat ·
4 Eßl. ungesalzene Erdnußkerne
Für den Salat:
300 g Chinakohl, geputzt (Seite 10) ·
3 Mandarinen · 1 Banane
Pro Person etwa 910 kJ/220 kcal
8 g Eiweiß · 10 g Fett · 24 g Kohlenhydrate ·
3 g Ballaststoffe

Zubereitungszeit: etwa 20 Minuten

• Die Dickmilch, den Zitronensaft und den Honig oder das Zuckerrohrgranulat in einer großen Schüssel mit einem Schneebesen verschlagen.

• 3 Eßlöffel der Erdnußkerne auf ein Brett schütten und mit einem großen Messer grob hacken. Die gehackten Erdnußkerne unter die Sauce rühren.

• Für den Salat den Chinakohl in sehr feine Streifen schneiden. Die Mandarinen schälen und die Spalten voneinander lösen. Etwa 8 Spalten zum Garnieren zurücklegen. Die Banane schälen und in dünne Scheiben schneiden.

• Diese Salatzutaten unter die Sauce heben.

• Den Salat mit dem restlichen Eßlöffel unge-
hackter Erdnüsse bestreuen und mit den Man-
darinenspalten garnieren.

Tip: Die Sauce kannst du zusätzlich mit gemahlenem Zimt, Anis, Koriander oder Ingwer abschmecken.

✗ Omas Milchnudeln

Omas Milchnudeln kommen mit Vollkornnudeln
zu ganz neuen Ehren. Sie sind eine leckere
Ergänzung nach einem Salat.

Zutaten für 4 Personen:
¾ l Milch · 1 Eßl. Butter (20 g) · 1 Prise Salz ·
½ Teel. Vanillepulver · 250 g Vollkorn-Hörnchen-
nudeln · 2 Eßl. Haselnußkerne · 4 Eßl. flüssiger
Honig
Pro Person etwa 1900 kJ/450 kcal
16 g Eiweiß · 16 g Fett · 62 g Kohlenhydrate ·
5 g Ballaststoffe

Zubereitungszeit: etwa 35 Minuten

• Die Milch in einem Kochtopf mit der Butter,
dem Salz und dem Vanillepulver erhitzen.
• Die Nudeln hineingeben und umrühren. Dann
zugedeckt bei schwacher Hitze 20–25 Minuten
garen. Nudeln, in Milch gegart, benötigen eine
längere Kochzeit. Während der Garzeit häufig
umrühren, die Milchnudeln setzen leicht an.
• Die Haselnußkerne auf ein Brett schütten und
mit einem großen Messer grob hacken.
• Die gegarten Milchnudeln auf Portionsschälchen verteilen.
• Pro Portion 1 Eßlöffel flüssigen Honig in
Fäden über den Nudeln verteilen.
• Mit den gehackten Haselnußkernen
bestreuen.
• Omas Milchnudeln heiß servieren.

Schokovollkornflammeri

Christines absolute Lieblingsspeise

Dieses Dessert sättigt wie ein Hauptgericht.
Und die Menge reicht eigentlich für 8 Personen!
Aber Christine meint, weniger zu kochen, lohnt
sich nicht. Und wer seinen Schokovollkornflam-
meri nicht schafft, soll sie am besten sofort einladen.

Zutaten für 4 oder 8 Personen:
200 g Weizenvollkornmehl · 2 Messerspitzen
gemahlener Zimt · 1 gehäufter Eßl. Kakao-
pulver · 1 l Milch · 150 g Haselnußkerne ·
200 g Sahne · 2–3 Eßl. Honig oder Zuckerrohr-
granulat
Bei 8 Personen pro Person etwa 1600 kJ/
380 kcal
10 g Eiweiß · 24 g Fett · 28 g Kohlenhydrate ·
4 g Ballaststoffe

Zubereitungszeit: etwa 15 Minuten
Abkühlzeit: etwa 30 Minuten
Fertigstellung: etwa 5 Minuten

• Das Weizenvollkornmehl mit dem Zimt und
dem Kakao vermengen.
• Die Milch in einen großen Kochtopf gießen.
• Das Vollkornmehlgemisch mit einem Schneebesen klümpchenfrei in die kalte Milch rühren.
• Die Mischung bei mittlerer Hitze unter ständigem Rühren aufkochen und etwa 1 Minute
kochen lassen. Vorsicht, der Flammeri brennt
leicht an!
• Den Topf zudecken, damit der Flammeri noch
etwas quellen kann.
• 8 Haselnußkerne zum Garnieren beiseite legen. Die übrigen Haselnußkerne im Blitzhacker
oder in der Mandelmühle fein mahlen.
• Die Sahne steif schlagen.
• Wenn der Flammeri lauwarm ist, die gemahlenen Haselnußkerne und den Honig oder das

Zuckerrohrgranulat unterrühren. Die Schlagsahne unterheben.

• Den Flammeri auf vier oder acht Portionsschälchen verteilen und mit den restlichen Haselnußkernen garnieren.

• Christine liebt ihren Flammeri lauwarm serviert, aber er schmeckt natürlich auch kalt.

Orangen im Wolkenbett

Zutaten für 4 Personen:
3 Orangen (am besten ungespritzte) · 12 ungeschwefelte getrocknete Datteln · 2 Messerspitzen gemahlener Ingwer · 2 Eiweiß · 2 Eigelb · 1 Eßl. flüssiger Honig · ½ Teel. abgeriebene unbehandelte Zitronen- oder Orangenschale · 1 Teel. Zitronensaft
Pro Person etwa 690 kJ/160 kcal
5 g Eiweiß · 3 g Fett · 29 g Kohlenhydrate · 4 g Ballaststoffe

Zubereitungszeit: etwa 20 Minuten

• Die Orangen mit einem scharfen Messer wie einen Apfel schälen. Dabei so weit schneiden, daß auch die weiße Haut entfernt wird. Die geschälten Orangen in etwa 1 cm dicke Scheiben schneiden. Die Scheiben dann vierteln und in eine Schüssel geben.

• Die Datteln halbieren, entkernen, in Streifen oder kleine Würfel schneiden und zu den Orangenstückchen geben. Mit dem Ingwer bestäuben und vorsichtig vermengen.

• Für das Wolkenbett die Eiweiße in einer hohen Rührschüssel zu sehr steifem Schnee schlagen.

• In einer anderen Schüssel die Eigelbe mit dem Honig, der Zitronen- oder Orangenschale und dem Zitronensaft cremig rühren.

• Die Eigelbcreme mit einem Teigschaber oder Kochlöffel unter den Eischnee heben.

• Das Wolkenbett auf vier Portionsteller verteilen.

• Die Dattelorangen in die Mitte der 4 Wolkenbetten füllen. Sie versinken leicht.

• Das Dessert sofort servieren, sonst fällt der Traum zusammen.

Sprossen-Obst-Salat mit Apfelsauce

Himmelsleiter

Kommentar eines Vollwertneulings: Sprossensalat? Ist das kleingehackte Leiter?

Zutaten für 4 Personen:
Für die Sauce:
2 süßliche Äpfel (Cox Orange) · ½ Tasse naturtrüber Apfelsaft · ½ Teel. abgeriebene unbehandelte Zitronenschale · 1 Eßl. Zitronensaft · 100 g Crème fraîche oder Schmand · ½ Teel. gemahlener Anis oder Cardamom
Für den Salat:
2 Orangen · 2 Bananen · 2 Tassen Alfalfasprossen (Seite 14) · 8 Walnußkerne
Pro Person etwa 1200 kJ/290 kcal
5 g Eiweiß · 14 g Fett · 34 g Kohlenhydrate · 6 g Ballaststoffe

Zubereitungszeit: etwa 25 Minuten

• Für die Sauce die Äpfel schälen, vierteln, vom Kerngehäuse befreien und in kleine Stücke schneiden.

• Die Apfelstückchen mit dem Apfelsaft, der Zitronenschale und dem Zitronensaft in eine hohe Rührschüssel geben und mit dem Stabmixer pürieren.

• Die Crème fraîche oder den Schmand hinzufügen und noch einmal kräftig durchpürieren.

- Die Sauce zu gleichen Teilen auf vier flache Teller verteilen.
- Für den Salat die Orangen mit einem scharfen Messer wie einen Apfel schälen. Dabei so tief schneiden, daß auch die weiße Haut entfernt wird. Die Orangen in 1 cm dicke Scheiben schneiden, diese achteln. Die Bananen schälen und in Scheiben zerteilen.
- Die Orangenstückchen und die Bananenscheiben vorsichtig vermengen und in die Mitte der vier Salatteller häufen.
- Die Alfalfasprossen auseinanderzupfen und das Dessert damit umkränzen.
- Das Dessert dekorativ mit den Walnußkernen besetzen.

Schokoquark mit Zartbittergitter

Zutaten für 4 Personen:
Für den Schokoquark:
300 g Quark · 3–4 Eßl. flüssiger Honig oder Zuckerrohrgranulat · 3 gestrichene Eßl. Kakaopulver · 2 Messerspitzen gemahlener Zimt · ½ Teel. Vanillepulver · 100 g Sahne oder Milch
Für das Zartbittergitter:
½ Tafel Zartbitterschokolade · 1 Teel. kaltgepreßtes nicht raffiniertes Sonnenblumenöl
Pro Person etwa 1400 kJ/330 kcal
11 g Eiweiß · 22 g Fett · 21 g Kohlenhydrate · 0 g Ballaststoffe

Zubereitungszeit: etwa 15 Minuten

- Den Quark in eine große Schüssel geben und mit dem Honig oder dem Zuckerrohrgranulat, dem Kakao, dem Zimt, dem Vanillepulver und der Sahne oder der Milch zu einer glatten Creme verrühren.

- Den Quark auf vier Portionsschälchen verteilen.
- Für das Zartbittergitter einen kleinen Kochtopf halb mit Wasser füllen und das Wasser aufkochen.
- Eine kleine stabile Schüssel suchen, die genau in diesen Kochtopf paßt und auf das kochende Wasser setzen. Das ist ein Wasserbad!
- Die Temperatur herunterschalten.
- Die Schokolade grob zerkleinern und mit dem Sonnenblumenöl in die kleine Schüssel auf dem Wasserbad geben. So lange rühren, bis alles geschmolzen ist.
- Die Schokolade mit einem Eßlöffel wie ein Gitter oder in wilden Mustern über dem Quark verteilen.
- Die Schokolade wird auf dem kalten Quark sofort wieder fest. Aber es ist garantiert ein eßbares Gitter!

Reispfannendessert mit Bananen

Amant

Amant ist französisch und heißt Liebhaber. Das Rezept ist jedoch absolut nicht französisch. Die Namengebung entspringt der Laune von zwei Vollwertköchen, die gerade aus dem Französischunterricht kamen und sofort zu Liebhabern dieses Reispfannendesserts wurden.

Zutaten für 4 Personen:
½ l Wasser · 200 g Rundkorn-Naturreis · 2 Bananen · 1 Eßl. Butter (20 g) · 2 Eßl. ungeschwefelte helle oder dunkle Rosinen · Saft von ½ Zitrone · 1 Teel. abgeriebene unbehandelte Zitronenschale · 2 Messerspitzen gemahlener Anis · 1 Eßl. Honig oder Zuckerrohrgranulat

Pro Person etwa 760 kJ/180 kcal
5 g Eiweiß · 5 g Fett · 51 g Kohlenhydrate ·
3 g Ballaststoffe

Garzeit für den Reis: 25–30 Minuten
Fertigstellung: etwa 10 Minuten

• Das Wasser zum Kochen bringen. Den Reis
hineingeben und zugedeckt bei schwacher
Hitze 25–30 Minuten garen. Danach zum
Abtropfen in ein Sieb schütten.
• Während der Reis abtropft, die Bananen
schälen und in Scheiben schneiden.
• Die Butter in einer großen Pfanne zerlassen.
• Die Bananenscheiben und die Rosinen dazugeben und unter vorsichtigem Wenden etwas
andünsten. Die Bananenscheiben dürfen dabei
nicht zerfallen!
• Den Zitronensaft, die Zitronenschale, den
Anis und den Honig oder das Zuckerrohrgranulat sowie den Reis hinzufügen und vorsichtig
vermengen. Es soll keine zerrührte Matsch-
pfanne werden.
• Dieses Dessert wird warm serviert.

Tip: Könntest du dir dazu etwas Schlagsahne
vorstellen und vielleicht sogar noch einige grob
gehackte Mandeln?

Didi's Sahnehirse

Didi meint (oder weiß er das?), daß alle Hirse-
esser Gehirnakrobaten werden.

Zutaten für 4 Personen:
300 g Hirse · ½ l Wasser · 1 Prise Salz ·
50 g ungeschwefelte Trockenfrüchte deiner
Wahl (Backpflaumen, Feigen, Datteln, Aprikosen
oder Rosinen) · 2 Eßl. Mandeln · 2 Eßl. Zitro-
nensaft · 2 Eßl. Ahornsirup · 2 Bananen ·
250 g Sahne

Pro Person etwa 2500 kJ/600 kcal
12 g Eiweiß · 26 g Fett · 82 g Kohlenhydrate ·
7 g Ballaststoffe

Garzeit für die Hirse: etwa 25 Minuten
Kühlzeit: etwa 30 Minuten
Fertigstellung: etwa 10 Minuten

• Die Hirse in ein Sieb schütten und unter
fließendem Wasser abspülen.
• Das Wasser mit dem Salz zum Kochen bringen. Die Hirse in das kochende Wasser geben
und zugedeckt bei schwacher Hitze etwa 5 Minuten kochen.
• Die Hirse von der Kochstelle nehmen und
etwa 20 Minuten quellen lassen. Nach der
Quellzeit etwa 30 Minuten kühl stellen.
• Während die Hirse quillt und abkühlt, die
Trockenfrüchte in kleine Würfel schneiden
(die Rosinen natürlich nicht).
• Die Mandeln auf ein Brett schütten und mit
einem großen Messer nicht zu grob hacken.
• Die abgekühlte Hirse (sie darf noch leicht lau-
warm sein) in eine große Schüssel geben und
mit den Händen auseinanderbröseln.
• Die Trockenfrüchte, die gehackten Mandeln,
den Zitronensaft und den Ahornsirup unter die
Hirse rühren.
• Die Banane schälen, in dünne Scheiben
schneiden und ebenfalls zur Hirse geben. Die
Sahne steif schlagen und unterheben.
• Die Sahnehirse möglichst bald servieren.

Tip: Statt Bananen solltest du auch mal Ananas
oder beides gemischt in der Sahnehirse probieren. Statt mit Ahornsirup kannst du natürlich
auch mit Honig oder Zuckerrohrgranulat
süßen.

Allerlei Extras

Mir ist eingefallen, daß du sicher noch Rezepte fürs Frühstück oder für ein kleines Zwischendurch brauchst. Und bestimmt bist du froh über Anregungen, wenn dich einmal das Backfieber packt. Vielleicht hast du gehört, daß Vollwertkuchen steinhart werden und wie Brot schmecken. Diese nicht!

Und wie man Müsliriegel herstellt, wolltest du auch schon immer mal wissen. Zum Schluß kannst du dir eine Ecke selbstgebackenes Fladenbrot schmieren. Ich wette, du probierst zuerst die Schokocreme aus!

✗ Schaummüsli für Streber

Mal ein ganz anderes Müsli! Denn wie du Haferflocken mit Milch und Früchten verrührst, darüber brauche ich dir ja wohl nichts zu erzählen!

Zutaten für 1 Person:
1 Ei · 1 Teel. flüssiger Honig · 1 Banane ·
1 Spritzer Zitronensaft · 3 gehäufte Eßl. Hafer-Vollkornflocken · 3 Eßl. Kokosflocken
Etwa 2200 kJ/520 kcal
16 g Eiweiß · 15 g Fett · 84 g Kohlenhydrate · 8 g Ballaststoffe

Zubereitungszeit: etwa 10 Minuten

- Das Ei trennen. Das Eiweiß mit dem elektrischen Handrührgerät in einer hohen Rührschüssel zu steifem Schnee schlagen.
- Das Eigelb mit dem Honig schaumig schlagen und in eine kleine Schüssel geben. Das Eiweiß unterrühren.
- Die Banane schälen, in Scheiben schneiden, mit dem Zitronensaft beträufeln und in den Eierschaum geben.
- Die Haferflocken und die Kokosflocken über das Schaummüsli streuen.
- Die Zutaten während des Essens vermengen.

Tip: Bei diesem Müsli kann wieder einmal deine überschäumende Phantasie zum Einsatz kommen, denn die Banane ist keine Vorschrift. Jedes andere Obst, das dir schmeckt, paßt auch dazu (100–150 g). Aber es sollte doch ein Ei von einem glücklichen Huhn sein!

✗ Würziger Frischkornbrei

Manche essen morgens nicht gerne süß. Vielleicht magst du es auch lieber pikant?

Zutaten für 1 Person:
2 gehäufte Eßl. Weizenschrot · 2–3 Eßl. Wasser · 1 winzige Zwiebel · 2 gehäufte Eßl. saure Sahne, Dickmilch oder Joghurt · einige Prisen Salz · weißer oder schwarzer Pfeffer, frisch gemahlen · 1 Teel. Petersilie, fein gehackt · 1 Stück Salatgurke (so groß wie eine Kinderfaust) · 1 Eßl. Sonnenblumenkerne
Etwa 980 kJ/230 kcal
9 g Eiweiß · 11 g Fett · 25 g Kohlenhydrate · 2 g Ballaststoffe

Quellzeit: 6 Stunden oder über Nacht
Zubereitungszeit: etwa 10 Minuten

- Den Weizenschrot mit dem Wasser verrühren und zugedeckt etwa 6 Stunden oder über Nacht kühl stellen und quellen lassen.
- Nach der Quellzeit die kleine Zwiebel schälen, halbieren und in winzige Würfel schneiden.
- Die Zwiebelwürfel zum Weizenschrot in die Schüssel geben.
- Die saure Sahne, die Dickmilch oder den Joghurt, das Salz, Pfeffer und die Petersilie hinzufügen und alles gut verrühren.
- Das Stückchen Salatgurke schälen, in winzige Würfel schneiden und unter den Frischkornbrei mischen. Den Frischkornbrei mit den Sonnenblumenkernen bestreuen.

Allerlei Extras

Tip: Eine winzige Zwiebel hat nicht jeder. Du nimmst ein Stück von 1 großen ungeschälten Zwiebel. Vor einer Klassenarbeit kannst du statt der Zwiebel 1 kleine zerdrückte Knoblauchzehe unter den Frischkornbrei rühren. Dann kannst du besser schummeln, weil der Lehrer sich nicht an dich herantraut.

Aprikosenmüsliriegel Lara Nr. 1

Das ist Laras Lieblingsriegel. Vielleicht wird's ja auch deiner?

Zutaten für 8–10 Riegel:
250 g ungeschwefelte getrocknete Aprikosen · 50 g ungeschwefelte Rosinen · 80 g ungehäutete Mandeln · Saft von ½ Zitrone · 1 Eßl. flüssiger Honig · 4 gehäufte Eßl. Sonnenblumenkerne · 120 g Hafer-Vollkornflocken
Bei 10 Riegeln pro Riegel etwa 870 kJ/210 kcal
6 g Eiweiß · 8 g Fett · 28 g Kohlenhydrate ·
4 g Ballaststoffe

Zubereitungszeit: etwa 30 Minuten
Trockenzeit: 2–3 Tage

• Die getrockneten Aprikosen in kleine Stücke schneiden.
• Die Aprikosen in eine Schüssel geben und mit den Rosinen und den Mandeln vermengen.
• Die Mischung portionsweise im Blitzhacker oder Mixer zerkleinern, bis eine knetbare Masse entsteht.
• Den Zitronensaft, den Honig, die Sonnenblumenkerne und 4 gehäufte Eßlöffel von den Haferflocken hinzufügen.
• Die Masse mit sauberen Händen verkneten. Das geht am besten auf einem Holzbrett.
• Ist die Masse zu trocken, noch etwas Zitronensaft hinzufügen. Ist sie zu feucht, noch ein paar Haferflocken unterkneten.

• Aus der Masse eine dicke Wurst rollen und mit einem scharfen Messer in 8–10 Stücke zerteilen. Jetzt Riegel oder Röllchen daraus formen und in den restlichen Haferflocken wälzen.
• Die fertigen Riegel auf Pergamentpapier legen und mit Pergamentpapier bedecken.
• Die Riegel bei Küchentemperatur 2–3 Tage antrocknen lassen. Ausnahmsweise ist auch sofort naschen erlaubt.

Tip: Die Riegel in Pergamentpapier wickeln und als Zwischenmahlzeit mitnehmen.

Pflaumenmüsliriegel Lara Nr. 2

Dies ist Laras zweitliebster Riegel. Ehrlich gesagt, mir schmeckt dieser am besten.

Zutaten für 8–10 Riegel:
250 g ungeschwefelte Backpflaumen ohne Stein · 120 g Kokosflocken · Saft von ½ Zitrone · 1 Eßl. flüssiger Honig · 1 Messerspitze gemahlener Zimt · 2 Eßl. Sesamsamen
Bei 10 Riegeln pro Riegel etwa 550 kJ/130 kcal
1 g Eiweiß · 3 g Fett · 24 g Kohlenhydrate ·
3 g Ballaststoffe

Zubereitungszeit: etwa 30 Minuten
Trockenzeit: 2–3 Tage

• Die Backpflaumen in sehr kleine Stücke schneiden.
• Die Backpflaumenstückchen mit 2 Eßlöffeln von den Kokosflocken in einer Schüssel vermengen.
• Die Mischung portionsweise im Blitzhacker oder im Mixer zerkleinern, bis eine knetbare Masse entsteht.
• Den Zitronensaft, den Honig, den Zimt, die Sesamsamen und etwa 10 gehäufte Eßlöffel Kokosflocken hinzufügen.

- Alles gut verkneten. Das geht am besten auf einem Holzbrett.
- Ist die Masse zu trocken, noch etwas Zitronensaft hinzufügen. Ist sie zu feucht, noch etwas Kokosflocken unterkneten.
- Aus der Masse eine dicke Wurst rollen und mit einem scharfen Messer in 8–10 Stücke zerteilen. Jetzt Riegel oder Röllchen daraus formen und in den restlichen Kokosflocken wälzen.
- Die kleinen Meisterwerke (oder ist alles schief und krumm geworden?) auf Pergamentpapier legen und mit Pergamentpapier bedecken.
- Die Riegel 2–3 Tage bei Küchentemperatur antrocknen lassen und alle lästigen Nascher verscheuchen.

Tip: Wenn du aus der Masse kleine, pralinengroße Kugeln formst und in Kokosflocken beziehungsweise Kakao- oder Carobpulver wälzt, hast du vollwertiges Konfekt hergestellt. In einigen Supermärkten oder Haushaltsgeschäften gibt's bunte Papierhütchen zu kaufen, in die du deine Vollwertwerke legen kannst. Die Riegel oder Pralinen halten sich in einer Blechdose, gut angetrocknet und in Pergament gewickelt, 3–4 Wochen.

Jubelkuchen mit Äpfeln

Jubel wird ausbrechen, wenn du diesen Kuchen für deine Freunde oder deine Familie backst.

Für eine Springform von 26 cm Ø :
Für die Form:
1 Eßl. Butter · 1 Eßl. Weizenvollkornmehl
Für den Teig:
100 g Butter · 4–5 Eßl. flüssiger Honig ·
2 Eier · 150 g Weizenvollkornmehl · 1 gute
Messerspitze Vanillepulver · 1 gestrichener
Teel. Backpulver · eventuell 2–4 Eßl. Milch

Für den Belag:
800–1000 g säuerliche Äpfel (Boskop) · Saft von ½ Zitrone · 80 g Haselnußkerne · 1 gehäufter Eßl. Butter (30 g) · 2 Eßl. Honig · 1 Eßl. Milch · 2 Messerspitzen gemahlener Zimt
Bei 8 Stück pro Stück etwa 1700 kJ/400 kcal
6 g Eiweiß · 23 g Fett · 42 g Kohlenhydrate ·
5 g Ballaststoffe

Vorbereitungszeit: etwa 25 Minuten
Backzeit: etwa 45 Minuten

- Die Springform mit der Butter ausstreichen und mit dem Weizenvollkornmehl ausstreuen.
- Für den Teig die Butter und den Honig in einer großen Rührschüssel mit einem elektrischen Handrührgerät cremig rühren.
- 1 Ei hinzufügen und gut unterrühren. Dann erst das andere Ei hinzufügen und die Masse cremig rühren.
- Das Weizenvollkornmehl mit dem Vanillepulver und dem Backpulver vermengen.
- Das Weizenvollkorngemisch eßlöffelweise unter Rühren unter die Buttermasse mengen.
- Wenn der Teig zu trocken erscheint, die Milch unterrühren. Er soll schön cremig bleiben.
- Den Teig in die Springform füllen. Die Oberfläche mit dem Teigschaber glatt streichen.
- Die Äpfel schälen, vierteln, von den Kerngehäusen befreien und in schmale Schnitze schneiden. In eine Schüssel geben und mit dem Zitronensaft beträufeln.
- Den Backofen auf 175° vorheizen.
- Die Apfelschnitze gleichmäßig auf dem Teig verteilen und leicht andrücken.
- Die Haselnußkerne auf ein großes Holzbrett schütten und mit einem großen Messer grob hacken.
- Die Butter, den Honig, die Haselnußkerne, die Milch und den Zimt in einen kleinen Kochtopf geben und unter Rühren einmal aufkochen.
- Den Nußguß über den Äpfeln verteilen.

• Den Kuchen in den vorgeheizten Backofen (Mitte) schieben und etwa 45 Minuten backen.
• Den Kuchen etwa 10 Minuten ruhen lassen, bevor du ihn aus der Form löst.

Unordentliche Geburtstagstorte

Den Tortenboden backst du am besten schon einen Tag vorher. Der Boden läßt sich dann problemloser durchschneiden, und am Geburtstag brauchst du die Torte nur noch zu füllen.

Für eine Springform von 26 cm Ø :
Für die Form:
1 Teel. Butter
Für den Teig:
5 Eier · 2 Eßl. heißes Wasser · 4 Eßl. flüssiger Honig · 1 Messerspitze Vanillepulver · 180 g Buchweizenmehl
Für die Füllung:
300 g Erdbeeren · 1 Eßl. flüssiger Honig · 500 g Sahne
Bei 8 Stück pro Stück etwa 1500 kJ/360 kcal
7 g Eiweiß · 24 g Fett · 26 g Kohlenhydrate · 1 g Ballaststoffe

Vorbereitungszeit: etwa 15 Minuten
Backzeit: etwa 25 Minuten
Fertigstellung: etwa 15 Minuten

• Nur den Boden der Springform mit der Butter ausstreichen. Der Tortenboden steigt dann gleichmäßiger hoch.
• Für den Teig die Eier trennen. Die Eiweiße in eine hohe Schüssel, die Eigelbe in eine Rührschüssel geben.
• Zuerst die Eiweiße mit dem elektrischen Handrührgerät sehr steif schlagen.
• Den Backofen auf 180° vorheizen.

• Das heiße Wasser, den Honig und das Vanillepulver zum Eigelb in die Rührschüssel geben und alles mit dem elektrischen Handrührgerät schaumig schlagen.
• Das Buchweizenmehl vorsichtig unterrühren.
• Anschließend den Eischnee ebenfalls vorsichtig unterziehen.
• Den Buchweizenteig in die gefettete Form füllen. Die Oberfläche glatt streichen.
• Die Form in den vorgeheizten Backofen (Mitte) schieben und den Teig etwa 25 Minuten backen.
• Nach der Backzeit den Tortenboden aus dem Backofen nehmen und etwa 10 Minuten ruhen lassen. Erst dann zum Auskühlen auf ein Kuchengitter stürzen.
• Den Teig nach dem Auskühlen in Klarsichtfolie oder Pergamentpapier einschlagen, damit er nicht austrocknet.
• Am nächsten Tag die Erdbeeren waschen und von den Blattrosetten und Stengeln befreien. Etwa 8 ganze Erdbeeren zum Garnieren zurückbehalten, die restlichen Beeren in kleine Stücke schneiden. Die Erdbeeren in eine Schüssel geben und mit dem Honig beträufeln.
• Die Sahne sehr steif schlagen.
• Von den Erdbeeren den Saft abgießen, der sich gebildet hat (später mit Mineralwasser austrinken). Die Beeren mit der Sahne vermengen.
• Den Tortenboden mit einem großen Messer der Länge nach durchschneiden und mit knapp der Hälfte der Erdbeersahne füllen. Den Rest der Erdbeersahne auf der Torte verteilen und mit einem breiten Messer auch etwas an die Seiten drücken. Die Sahne aber nicht überall glatt streichen, es soll ja eine unordentliche Torte werden.
• Die übriggelassenen Erdbeeren wild auf der Torte verteilen.

Tip: Du kannst statt Erdbeeren auch andere Obstsorten verwenden.

Schoko-Nuß-Brotaufstrich

Für Naschkatzen und -kater

Dieser Brotaufstrich ist für alle, die absolut nicht auf die wohlbekannte, überall im Handel erhältliche Schokocreme verzichten können. Schlank wirst du von diesem Aufstrich nicht, er ist nicht absolut vollwertig und Karies kann er auch verursachen. Aber er ist selbstgemacht und du weißt, was drin ist!

Zutaten für 10–15 Brotscheiben (oder für
1 geizigen Schokoaufstrich-Hersteller):
60 g Haselnußkerne · ⅓ Tafel Zartbitterschoko-
lade (mit Carobtafel schmeckt's nicht so toll
schokoladig) · 125 g kalte Butter (½ Paket) ·
3 EßI. flüssiger Honig · 2 EßI. Kakao- oder
Carobpulver
Bei 15 Portionen (ohne Brot) pro Portion etwa
490 kJ/120 kcal
1 g Eiweiß · 10 g Fett · 5 g Kohlenhydrate ·
0 g Ballaststoffe

Zubereitungszeit: etwa 10 Minuten

● Die Haselnußkerne fein mahlen. Die Zartbitterschokolade auf der Rohkostreibe fein reiben.
● Die Butter in kleine Stücke zerteilen und in eine Rührschüssel geben.
● Den Honig, die gemahlenen Haselnußkerne, die geriebene Zartbitterschokolade und das Kakao- oder das Carobpulver hinzufügen.
● Alle Zutaten gründlich verrühren. Fertig!

Tip: Diesen Schokoaufstrich kannst du auch als Kuchenfüllung verwenden. Und noch etwas! Sollten sich in eurem Haushalt erwachsene Männer befinden, fülle den fertigen Aufstrich in ein sauberes Schraubglas, schreibe Schuhcreme drauf und bewahre ihn in der hintersten Ecke eures Kühlschrankes auf. Dort hält er sich, wenn keiner ihn findet, etwa 1 Woche.

Drachenpaste

Für alle Fleischverachter, die in der Leberwurst Grippeviren vermuten und bei jedem Wurstbelag an unglückliche Schweine und Rinder denken müssen.

Zutaten für 10–15 Brotscheiben:
¼ l Wasser · 1 Teel. gekörnte Gemüsebrühe ·
200 g Grünkernschrot · 1 kleine Zwiebel ·
1 Knoblauchzehe · 6 EßI. kaltgepreßtes, nicht
raffiniertes Olivenöl · 1 Teel. getrockneter Majo-
ran · einige Prisen Salz · sehr viel schwarzer
Pfeffer, frisch gemahlen
Bei 15 Portionen (ohne Brot) pro Portion etwa
430 kJ/100 kcal
2 g Eiweiß · 6 g Fett · 5 g Kohlenhydrate ·
1 g Ballaststoffe

Zubereitungszeit: etwa 35 Minuten

● Das Wasser mit der Gemüsebrühe in einem kleinen Kochtopf aufkochen.
● Den Grünkernschrot in die Brühe geben und bei schwacher Hitze im offenen Kochtopf unter häufigem Umrühren 5 Minuten kochen lassen. Vorsicht, der Schrot setzt leicht an!
● Den Kochtopf von der Kochstelle nehmen und den Schrot im geschlossenen Kochtopf etwa 20 Minuten weiterquellen lassen.
● In der Zwischenzeit die Zwiebel schälen und würfeln. Die Knoblauchzehe schälen, in winzige Würfel schneiden und mit einer Messerklinge zerdrücken.
● Nach der Quellzeit die Zwiebelwürfel, die zerdrückte Knoblauchzehe und das Olivenöl unter den Grünkernschrot rühren.
● Den getrockneten Majoran zwischen den Fingern zerreiben und ebenfalls zur Grünkernmasse geben.
● Die Grünkernmasse mit den Zutaten gut verrühren und mit dem Salz und dem schwarzen Pfeffer abschmecken.

Tip: Wenn du Gäste erwartest und sicher bist, daß die gesamte Grünkernpaste aufgegessen wird, kannst du statt Majoran frische feingehackte Kräuter (Petersilie, Liebstöckel, Estragon, Kerbel oder Schnittlauch) verwenden. Mit getrockneten Kräutern hält sich die Drachenpaste etwa 1 Woche im Kühlschrank frisch, wenn du sie im Schraubglas aufbewahrst.

Fladenbrot Pitta

Wenn du einmal den ganzen Tag Hausaufgaben machen mußt, ist es sicher ein Trost für dich, daß währenddessen der Teig für dieses leckere Fladenbrot aufgeht.

Zutaten für 4–8 Personen:
Für das Backblech:
2 Eßl. kaltgepreßtes, nicht raffiniertes Oliven-oder Sonnenblumenöl · 2 Eßl. Weizenvollkornmehl
Für den Teig:
450 g Weizenvollkornmehl · 1 Tasse warmes Wasser (150 ccm) · 1 Würfel Hefe (40 g) ·
½ Teel. Honig · 1 knapper Teel. Salz ·
4 Eßl. kaltgepreßtes, nichtraffiniertes Oliven-oder Sonnenblumenöl · ⅛ l warmes Wasser ·
2 Eßl. Sesamsamen
Bei 8 Personen pro Person etwa 1300 kJ/310 kcal
8 g Eiweiß · 14 g Fett · 37 g Kohlenhydrate · 2 g Ballaststoffe

Vorbereitungszeit: etwa 20 Minuten
Ruhezeiten insgesamt: etwa 3 Stunden und 20 Minuten
Backzeit: 12–15 Minuten

● Das Backblech mit dem Öl bepinseln und mit dem Weizenvollkornmehl bestreuen.
● Für den Teig das Weizenvollkornmehl in eine große Backschüssel geben und in die Mitte eine Mulde drücken.
● Die Hefe in die Mulde bröseln, den Honig und die Tasse Wasser hinzufügen. Den Teig rühren, bis sich die Hefe gelöst hat.
● Die Schüssel mit einem sauberen Geschirrtuch bedecken und an einen warmen Ort stellen (in die Nähe der Heizung oder auf ein sonniges Fensterbrett).
● Jetzt hast du etwa 20 Minuten Zeit, um eine kurze Hausaufgabe zu machen oder mit deinem Hund um den Block zu gehen.
● Wenn die Hefe pilzartig aufgegangen ist, das Salz, 2 Eßlöffel von dem Öl und ⅛ l warmes Wasser hinzugeben.
● Den Teig jetzt etwa 10 Minuten lang kräftig verkneten. Es sollte kein Teig an deinen Händen oder an der Schüssel kleben. Füge je nachdem, ob der Teig zu klebrig oder zu trocken ist, noch etwas Weizenvollkornmehl oder warmes Wasser hinzu.
● Nach dem Kneten den Teig wieder mit dem Tuch bedecken und an einen warmen Ort stellen.
● Der Teig kann jetzt 2 oder 3 Stunden aufgehen, je nachdem, was du dir vorgenommen hast.
● Danach den Teig wieder kräftig durchkneten, in der Mitte teilen, zu etwa 2 cm dicken Fladen ausrollen und auf das Backblech legen.
● Die Fladen mit einer Gabel mehrmals einstechen, mit den restlichen 2 Eßlöffeln Öl bepinseln und mit den Sesamsamen bestreuen. Den Teig wieder zudecken und nochmals gehen lassen. 1 Stunde wäre gut, dann werden die Fladenbrote schön locker, aber zur Not tun's auch 15 Minuten.
● 5 Minuten, bevor die Aufgehzeit beendet ist, den Backofen auf 200° vorheizen.
● Das Backblech in den heißen Backofen (Mitte) schieben und die Fladen 12–15 Minuten backen.

Jahreszeitenmenüs

Ein Menü zusammenstellen und zubereiten, das klingt sehr kompliziert und arbeitsaufwendig. Oft trauen sich nicht einmal geübte Hausfrauen und -männer daran. Dabei ist alles eigentlich nur eine Frage der Organisation. Ich nenne dir aus der Fülle der vorangegangenen Rezepte für jede Jahreszeit einen Menüvorschlag. Aber du kannst natürlich auch mutig variieren. Und noch etwas! Der Salat wird immer vor dem Hauptgang serviert. Der Magen wird durch das rohe, gut gekaute Gemüse schonend auf den Verdauungsvorgang vorbereitet. Und appetitanregend wirkt er außerdem.

Frühlingsmenü

1. Möhren-Lauch-Salat (Knabenrohkost)
2. Brennessel-Grünkern-Suppe (Wie Elke sie mag)
3. Bananendessert Gelbe Raffinesse

Dein Arbeitsplan
● Zuerst bereitest du den Möhren-Lauch-Salat zu und stellst ihn zugedeckt zur Seite. Aber nicht in den Kühlschrank!
● Während der Salat zieht, bereitest du die Brennessel-Grünkern-Suppe nach Rezept zu.
● Während die Suppe gart, bereitest du nach Rezept die Gelbe Raffinesse zu. Die Brennesselsuppe benötigt etwa 10 Minuten Garzeit. Wenn du für die Fertigstellung des Desserts länger als 10 Minuten brauchst, nimmst du die Suppe nach der Garzeit vom Herd und läßt sie zugedeckt stehen.
● Das Dessert stellst du in den Kühlschrank. Es darf gern etwas länger durchziehen.
● Nun servierst du die Rohkost.
● Die Brennessel-Grünkern-Suppe bleibt bis zum Verspeisen im zugedeckten Kochtopf heiß. Notfalls stellst du sie noch kurz auf die warme (nicht heiße!) Kochstelle.

● Wie lange ihr zum Aufessen dieses köstlichen Menüs braucht, weiß ich nicht, aber die Herstellung dauert 50–60 Minuten.

Möhren-Lauch-Salat

Knabenrohkost

Diesen Salat haben wir Knabenrohkost genannt, weil er besonders bei den jugendlichen Männern Begeisterung hervorrief. Aber selbstverständlich schmeckt er auch weiblichen Rohkostrasplern.

Zutaten für 4 Personen:
Für die Sauce:
Saft von 1 unbehandelten Zitrone · 1–2 Teel. flüssiger Honig oder Zuckerrohrgranulat · einige Prisen Salz · 2 Eßl. kaltgepreßtes, nicht raffiniertes Sonnenblumenöl
Für den Salat:
5 Möhren (250–300 g) · 2 zarte Stangen Lauch · 2 mittelgroße säuerliche Äpfel (zum Beispiel Boskop oder Glockenapfel)
Zum Garnieren:
2 Eßl. Walnußkerne oder Haselnußkerne
Pro Person etwa 750 kJ/180 kcal
3 g Eiweiß · 11 g Fett · 17 g Kohlenhydrate · 4 g Ballaststoffe

Zubereitungszeit: etwa 20 Minuten
Zeit zum Durchziehen: 10–15 Minuten

● Für die Sauce den Zitronensaft, den Honig oder das Zuckerrohrgranulat und das Salz in einer großen Schüssel verschlagen.
● Das Sonnenblumenöl hinzufügen und rühren, bis die Sauce leicht cremig ist.
● Das Abschmecken nicht vergessen!
● Für den Salat die Möhren waschen, mit dem Sparschäler schälen und auf einer Rohkostreibe

grob raspeln. Von den Lauchstangen die dunkelgrünen Blatteile und die Wurzelverdickung abschneiden. Den Lauch vom hellgrünen Ende kreuzweise bis zur Mitte einschneiden. Danach unter fließendem Wasser gründlich abspülen. Die Stangenteile dabei weit auseinander biegen, damit alle Schmutzteilchen entfernt werden. Die Lauchstangen in sehr dünne Ringe schneiden.

• Die Äpfel sehr gründlich waschen, vierteln, vom Kerngehäuse befreien und ungeschält in kleine Würfel oder Schnitze schneiden.

• Alle Zutaten zur Sauce in die große Schüssel geben und gut vermengen.

• Den Salat 10–15 Minuten ziehen lassen.

• Die Walnußkerne oder Haselnußkerne auf ein Brett schütten und mit einem großen Messer grob hacken.

• Die Nußkerne erst kurz vor dem Servieren über den Salat streuen.

Brennessel-Grünkern-Suppe

Wie Elke sie mag

Durch diese Grünkernsuppe ist Elke zum Vollwertfan geworden.

Zutaten für 4 Personen:
1 kleine Zwiebel · 1 Knoblauchzehe ·
150 g Brennesseln · 2 Eßl. Butter (40 g) ·
100 g Grünkernschrot · knapp 1 l Wasser ·
2 Eßl. gekörnte Gemüsebrühe · 200 g Sahne ·
einige Prisen Salz · schwarzer Pfeffer, frisch
gemahlen · 1 Messerspitze Muskatnuß, frisch
gerieben
Pro Person etwa 1400 kJ/330 kcal
5 g Eiweiß · 25 g Fett · 21 g Kohlenhydrate ·
2 g Ballaststoffe

Vorbereitungszeit: etwa 25 Minuten
Garzeit: 12–14 Minuten

• Die Zwiebel schälen und würfeln. Die Knoblauchzehe ebenfalls schälen, in kleine Würfel schneiden und mit einer Messerklinge zerdrükken.

• Die Brennesseln mit Gummihandschuhen sehr gründlich waschen, von den groben Stengeln befreien, abtropfen lassen und fein hacken.

• Die Butter in einem großen Kochtopf zerlassen.

• Die Zwiebel, den Knoblauch, die Brennesseln und den Grünkern dazugeben und unter ständigem Rühren etwa 2 Minuten andünsten.

• Das Wasser angießen, die gekörnte Gemüsebrühe hinzufügen und mit dem Schneebesen gut umrühren.

• Die Suppe im geschlossenen Kochtopf bei schwacher Hitze 10–12 Minuten garen. Dabei ab und zu umrühren, damit der Grünkernschrot nicht am Topfboden ansetzt!

• Dann den Kochtopf vom Herd nehmen. Die Sahne unter die Suppe rühren und diese mit dem Salz, Pfeffer und dem Muskat pikant abschmecken.

Bananensalat
Gelbe Raffinesse

Zutaten für 4 Personen:
Für die Sauce:
Saft von 1 Zitrone · 1 Eßl. flüssiger Honig
oder Ahornsirup · 1 Messerspitze gemahlener
Ingwer
Für den Salat:
5 kleine Bananen (etwa 500 g ohne Schale) ·
6 ungeschwefelte Backpflaumen ohne Stein
Nur für Leckermäuler:
200 g Sahne
Pro Person (ohne Sahne) etwa 560 kJ/130 kcal
2 g Eiweiß · 0,3 g Fett · 31 g Kohlenhydrate ·
4 g Ballaststoffe

Zubereitungszeit: etwa 10 Minuten
Zeit zum Durchziehen: etwa 10 Minuten

• Für die Sauce den Zitronensaft, den Honig oder den Ahornsirup und den Ingwer in eine große Schüssel geben und verquirlen.
• Für den Salat die Bananen schälen und in ½ cm dicke Scheiben schneiden. Die Bananenscheiben sofort in die Zitronensauce geben und darin wenden.
• Die Backpflaumen in dünne Streifen oder kleine Würfel schneiden und dazugeben. Den Salat vorsichtig vermengen!
• Den Salat etwa 10 Minuten im Kühlschrank ziehen lassen.
• In der Zwischenzeit kannst du die Sahne schlagen. Aber es ist auch ohne ein raffiniertes Dessert!

Sommermenü

1. Nussiger Kohlrabiraspelsalat
2. Grünkern-Auflauf mit Möhren (Kleines Wunder)
3. Zwei-Farben-Quark

Dein Arbeitsplan
• Im Menü steht der Kohlrabiraspelsalat an erster Stelle, und der wird auch zuerst gegessen. Aber beim Zubereiten beginnst du am besten mit dem Grünkernauflauf. Du bereitest ihn zu und schiebst ihn in den Backofen.
• Während das Kleine Wunder gart, bereitest du nach Rezept den Kohlrabiraspelsalat zu und stellst ihn zugedeckt zur Seite. Aber nicht in den Kühlschrank.
• Nun kannst du noch in aller Ruhe den Zwei-Farben-Quark herstellen. Den stellst du aber zum Kühlen in den Kühlschrank.
• Nun sind etwa 45 Minuten vergangen und du kannst dir und deinen Gästen schon den Kohl-

rabiraspelsalat auftragen. Ihr könnt in Ruhe essen. Der Auflauf braucht sicher noch 10 Minuten.
• Wenn dir das zu unsicher ist und du abwarten möchtest, ob dein kleines Wunder auch gelungen ist, so ist das auch möglich. Dem Salat macht eine etwas längere Durchziehzeit nichts aus. Und dein Auflauf ruht während des 1. Ganges im warmen Backofen.
• Den Auflauf servierst du in der Form auf einem hitzebeständigen Untersetzer und jeder nimmt sich selbst.
• Nach einer kleinen Verschnaufpause überraschst du deine Gäste mit dem Dessert.
• Die Arbeit dauert etwa 1 Stunde.

Nussiger Kohlrabiraspelsalat

Wie du weißt, gibt es Süßholzraspler, die bekanntlich einen nicht so guten Ruf haben. Da ist ein Kohlrabiraspler schon etwas Solideres.

Zutaten für 4 Personen:
Für die Sauce:
2 Eßl. Obstessig · ½–1 Teel. flüssiger Honig oder Zuckerrohrgranulat · einige Prisen Salz · weißer Pfeffer, frisch gemahlen · 2 Eßl. kaltgepreßtes, nicht raffiniertes Sonnenblumenöl · 1 Bund Petersilie (40–50 g)
Für den Salat:
2 große Kohlrabiknollen (etwa 400 g) · 100 g Haselnüsse
Pro Person etwa 1000 kJ/240 kcal
6 g Eiweiß · 20 g Fett · 8 g Kohlenhydrate · 4 g Ballaststoffe

Zubereitungszeit: etwa 20 Minuten
Zeit zum Durchziehen: etwa 15 Minuten

• Für die Sauce den Obstessig, den Honig oder das Zuckerrohrgranulat, das Salz und Pfef-

fer in einer großen Salatschüssel mit einem Schneebesen verschlagen.
- Das Sonnenblumenöl hinzufügen und gründlich rühren, bis die Sauce leicht cremig ist.
- Das Abschmecken nicht vergessen.
- Die Petersilie waschen, trockenschütteln, von den groben Stengeln befreien, fein hacken und unter die Sauce rühren.
- Für den Salat die Kohlrabiknollen dünn schälen, von holzigen Stellen befreien und grob raspeln. Sofort in die Sauce geben. Die zarten Blätter des Kohlrabis waschen, trockentupfen, grob hacken und zur Seite legen.
- Die Haselnüsse auf ein Brett schütten und mit einem großen Messer grob hacken. Ebenfalls zur Sauce geben.
- Alle Salatzutaten außer den Kohlrabiblättern gut mit der Sauce vermischen.
- Den Salat mit den gehackten Kohlrabiblättern bestreuen und etwa 15 Minuten durchziehen lassen. Sofort gegessen schmeckt er auch.

Grünkern-Auflauf mit Möhren

Kleines Wunder
Bild 2. Umschlagseite

Eigentlich kommt es dir eher wie ein großes Wunder vor, wenn du den Backofen öffnest und diesen köstlichen, goldbraun gebackenen Auflauf herausholen kannst.

Zutaten für 4 Personen:
¼ l Wasser · ½ Teel. Salz · 120 g Grünkern ·
200 g Quark · 1 kleine Zwiebel · 1 Knoblauch-
zehe · 300 g Möhren · 300 g Kartoffeln ·
150 g mittelalter Gouda · 4 Eier · 1 Bund Peter-
silie (30–50 g) · 1 Teel. Salz · weißer oder
schwarzer Pfeffer, frisch gemahlen
Zum Ausfetten der Form:
1 Eßl. Butter oder Pflanzenmargarine

Pro Person etwa 2100 kJ/500 kcal
28 g Eiweiß · 26 g Fett · 40 g Kohlenhydrate ·
6 g Ballaststoffe

Vorbereitungszeit: etwa 35 Minuten
Backzeit: 50–55 Minuten

- Das Wasser mit dem Salz aufkochen.
- Den Grünkern hineinschütten und im zugedeckten Kochtopf 10 Minuten bei schwacher Hitze kochen. Die Herdplatte abschalten und den Grünkern 15–20 Minuten quellen lassen.
- Während der Grünkern quillt, kannst du die anderen Zutaten vorbereiten.
- Den Quark in ein Sieb geben und abtropfen lassen, sonst wird der Auflauf wässrig.
- Eine große Rührschüssel bereitstellen und die folgenden Zutaten nach dem Vorbereiten hineingeben.
- Die Zwiebel schälen und würfeln. Die Knoblauchzehe schälen, kleinschneiden und mit einer Messerklinge zerdrücken. Die Möhren und die Kartoffeln waschen, mit dem Sparschäler schälen und auf der Rohkostreibe grob raspeln.
- Den Käse grob reiben.
- Die Eier in die Rührschüssel schlagen und mit den vorbereiteten Zutaten verrühren.
- Die Petersilie waschen, trockenschütteln und fein hacken.
- Die Petersilie, den abgetropften Quark und das Salz und Pfeffer in die Schüssel geben.
- Den Backofen auf 200° vorheizen.
- Eine große Auflaufform gründlich mit der Butter ausfetten.
- Den gequollenen Grünkern, falls das Wasser nicht vollständig verkocht sein sollte, in einem Sieb abtropfen lassen.
- Den Grünkern zu der Auflaufmasse geben und alles gut verrühren.
- Die Auflaufmasse in die gefettete Form füllen, in den heißen Backofen (Mitte) geben und 50–55 Minuten backen.

Jahreszeitenmenüs

Zwei-Farben-Quark

Zutaten für 4–6 Personen:
150 g schwarze Johannisbeeren · 1 Eiweiß ·
500 g Quark · 1 Eigelb · 4–6 Eßl. Milch oder
Sahne · 4–5 Eßl. flüssiger Honig oder Zucker-
rohrgranulat · 4 Eßl. Zitronensaft · 1 Teel. abge-
riebene unbehandelte Zitronenschale
Bei 6 Personen pro Person etwa 930 kJ/
220 kcal
11 g Eiweiß · 12 g Fett · 15 g Kohlenhydrate ·
2 g Ballaststoffe

Zubereitungszeit: etwa 25 Minuten

● Die Johannisbeeren gründlich waschen, ver-
lesen und von den Stengeln befreien. Einige
Beeren zum Garnieren beiseite legen.
● Die Johannisbeeren in eine hohe Rührschüs-
sel geben und mit dem Stabmixer pürieren.
● Das Eiweiß zu steifem Schnee schlagen.
● Den Quark mit dem Eigelb, der Milch oder
der Sahne, dem Honig oder dem Zuckerrohrgranulat und dem Zitronensaft verrühren.
● Die Hälfte des Quarks zu den pürierten Johannisbeeren geben und alles gut verrühren.
● Muß noch nachgesüßt werden?
● Die andere Hälfte des Quarks mit der Zitronenschale verrühren. Den Eischnee vorsichtig
unterheben.
● Vier bis sechs Dessertschälchen bereitstellen.
● Die weiße und die rosa Quarkcreme jeweils
nebeneinander in die Schälchen füllen. Mit
einem Zahnstocher oder Löffelstiel Linien von
einem Quark in den anderen ziehen.
● Den Quark mit den übriggelassenen Johannisbeeren garnieren.

Herbstmenü

1. Fenchel-Apfel-Salat (Direx)
2. Kürbiscremesuppe (Soupe de Courge à la Crème)
3. Pflaumenkompott mit Mandeln

Dein Arbeitsplan
● Für die Kürbissuppe etwa 5 Tage vorher an
die Sprossenzucht denken. Wenn du es dann
doch vergessen haben solltest, ist das kein Un-
glück. Die Suppe schmeckt auch toll mit gerie-
benem Käse bestreut, mit je 1 Klecks Crème
fraîche oder Schmand garniert oder mit gerösteten Vollkornbrotwürfeln.
● Auch bei deinem Herbstmenü wird der Salat
zuerst gegessen. Aber du beginnst bei der Zubereitung am besten mit dem Pflaumenkompott, damit es bis zum Servieren abkühlen kann.
Du bereitest das Kompott nach Rezept zu,
rührst aber den Honig oder das Zuckerrohrgranulat noch nicht hinein.
● Während dein Kompott abkühlt, bereitest du
die Kürbiscremesuppe nach Rezept vor.
● Jetzt gart deine Suppe etwa 20 Minuten. In
dieser Zeit schaffst du es locker, den Fenchel-
Apfel-Salat herzustellen.
● Du nimmst die gegarte Suppe von der Kochstelle und beginnst nach Rezept mit der Fertigstellung.
● Anschließend mußt du noch das Pflaumenkompott süßen und die Mandeln halbieren.
● Während die Kürbiscremesuppe auf der lauwarmen Kochstelle ruht, kannst du den fertigen
Salat, deinen 1. Gang, servieren.
● Etwa 50 Minuten brauchst du, um deinen
staunenden Gästen dieses köstliche Menü vor-
zusetzen.

Fenchel-Apfel-Salat

Direx

Direktoren sind erfahrungsgemäß keine Vollwertköstler, sondern lieben ein schuhsohlengroßes Steak mit schlaffem Salatblatt auf ihrem Teller. Oder ist das ein ungerechtes Vorurteil? Ich kenne einen Direx, der fand diesen Salat sehr köstlich.

Zutaten für 4 Personen:
Für die Sauce:
3 Eßl. Obstessig · 2 Eßl. naturtrüber Apfel- oder Orangensaft · 1 Teel. flüssiger Honig oder Zuckerrohrgranulat · einige Prisen Salz · einige Prisen Currypulver · weißer Pfeffer, frisch gemahlen · 3 Eßl. kaltgepreßtes, nicht raffiniertes Sonnenblumenöl
Für den Salat:
1 Fenchelknolle (etwa 250 g) · 2 mittelgroße, säuerliche Äpfel (Boskop oder Glockenäpfel) · 100 g Mangold oder Chinakohl, geputzt (Seite 12/10) · 70 g Haselnußkerne
Pro Person etwa 1100 kJ/260 kcal
5 g Eiweiß · 19 g Fett · 17 g Kohlenhydrate · 5 g Ballaststoffe

Zubereitungszeit: etwa 20 Minuten

● Den Obstessig, den Apfel- oder Orangensaft, den Honig oder das Zuckerrohrgranulat, das Salz, den Curry und Pfeffer in einer großen Schüssel verschlagen.
● Das Sonnenblumenöl hinzufügen und rühren, bis die Sauce leicht cremig ist.
● Das Abschmecken nicht vergessen.
● Den Fenchel waschen, den Wurzelansatz und die Stengel mit dem Fenchelgrün abschneiden. Das Fenchelgrün zur Seite legen. Braune Stellen von der Fenchelknolle entfernen, eventuell sogar die äußere Blattschicht ablösen. Die Fenchelknolle längs zur Faser in ganz feine Scheiben oder Streifen schneiden. Die Äpfel gründlich waschen, vierteln, vom Kerngehäuse befreien und ungeschält in kleine Würfel schneiden. Den Mangold oder Chinakohl in sehr feine Streifen schneiden.
● Die Haselnußkerne auf einem Holzbrett mit einem großen Messer grob hacken.
● Das Fenchelgrün ebenfalls hacken.
● Alle Zutaten gründlich in der Salatschüssel vermengen.

Kürbiscremesuppe

Soupe de Courge á la Crème

Diese traumhafte Suppe ist eine Anlehnung an ein französisches Rezept. Vielleicht kennst du nur süß-sauer eingelegten Kürbis und kannst dir unter einer Kürbissuppe gar nichts vorstellen. Aber du mußt sie probieren!

Zutaten für 4 Personen:
1 kg Kürbis, geputzt (Seite 11) · 1 Tasse Milch · 1½ Tassen Wasser · 1 Teel. gekörnte Gemüsebrühe · ½ Teel. Salz · 200 g Crème fraîche oder Schmand · weißer Pfeffer, frisch gemahlen · Muskatnuß, frisch gerieben · 30 g Alfalfasprossen (Seite 15)
Pro Person etwa 1100 kJ/260 kcal
5 g Eiweiß · 21 g Fett · 15 g Kohlenhydrate
1 g Ballaststoffe

Vorbereitungszeit: etwa 10 Minuten
Garzeit: 15–20 Minuten
Fertigstellung: etwa 5 Minuten

● Den Kürbis grob würfeln und in einen großen Kochtopf geben.
● Die Milch, das Wasser, die gekörnte Gemüsebrühe und das Salz hinzufügen.

- Die Kürbiswürfel zugedeckt einmal aufkochen, dann bei schwacher Hitze 15–20 Minuten garen.
- Den Kürbis mit dem Stabmixer pürieren. Dabei die Crème fraîche oder den Schmand hinzufügen. Sehr gründlich pürieren, es sollten keine Kürbisstückchen mehr zu finden sein.
- Die Suppe eventuell noch einmal kurz erhitzen, aber nicht mehr kochen!
- Die Suppe mit Pfeffer und Muskatnuß würzen, und vielleicht noch nachsalzen?
- Die goldgelbe Suppe mit den Alfalfasprossen servieren, die du in die Mitte gibst.

Pflaumenkompott mit Mandeln

Zutaten für 4 Personen:
500 g Pflaumen · ⅛ l Wasser · 1 Stück
Stangenzimt (ersatzweise einige Prisen
gemahlener Zimt) · 3 Gewürznelken ·
3 Eßl. Honig · 50 g ungehäutete Mandeln
Pro Person etwa 730 kJ/170 kcal
3 g Eiweiß · 7 g Fett · 25 g Kohlenhydrate ·
3 g Ballaststoffe

Vorbereitungszeit: etwa 10 Minuten
Garzeit: 3–5 Minuten
Fertigstellung: etwa 5 Minuten

- Die Pflaumen gründlich waschen, halbieren und entsteinen.
- Die Pflaumen in einen Kochtopf geben. Das Wasser, den Stangenzimt und die Gewürznelken hinzufügen. Die Pflaumen bei schwacher Hitze im offenen Kochtopf 3–5 Minuten garen. Dann etwas abkühlen lassen.
- Den Honig in das lauwarme Kompott geben und sehr vorsichtig verrühren, sonst zerfallen die Pflaumen.
- Die Mandeln mit einem scharfen Messer halbieren und über das Kompott streuen.

Wintermenü

1. Champignonsalat mit roten Tupfen
2. Grüne Nudeln in Senfsauce für Eilige
3. Schokoquark mit Zartbittergitter

Dein Arbeitsplan
- Du beginnst mit der Zubereitung des Desserts. Der Schokoquark wird nach Rezept zubereitet und kühl gestellt.
- Anschließend bereitest du den Champignonsalat nach Rezept zu.
- Der Salat verträgt eine Durchziehzeit von etwa 30 Minuten sehr gut. Aber bitte nicht in den Kühlschrank stellen.
- Nun kannst du in Ruhe die Grünen Nudeln mit Senfsauce zubereiten.
- Etwa 5 Minuten vor der Fertigstellung den Backofen auf 100° vorheizen.
- Die abgetropften Nudeln und die fertige Sauce hältst du zugedeckt im Backofen warm, während ihr den Champignonsalat verspeist.
- Dann servierst du das Nudelgericht.
- Vielleicht hast du noch Sprossen von einem anderen Gericht übrig. Es sieht sehr hübsch aus, wenn du die gefüllten Teller damit dekorierst. Aber Tomatenachtel oder Möhrenraspel tun's auch.
- Und jetzt die Krönung deines Menüs! Der Schokoquark mit Zartbittergitter wird serviert.
- Eine gute Stunde Arbeit mußt du leisten für dieses Menü, von dem 4 Personen satt werden. Das ist doch nicht allzuviel Mühe? Und nächstes Mal helfen dir bestimmt ein paar Freunde, weil es nicht nur Freude macht, gemeinsam zu essen, sondern auch gemeinsam zu kochen.

Champignonsalat mit roten Tupfen

Zutaten für 4 Personen:
Für die Sauce:
3 Eßl. Obstessig · 1 Eßl. Sojasauce · einige Prisen Salz · 1 Teel. flüssiger Honig oder Zuckerrohrgranulat · ½ Teel. getrockneter Majoran · schwarzer Pfeffer, frisch gemahlen · 3 Eßl. kaltgepreßtes, nicht raffiniertes Olivenöl
Für den Salat:
300 g Champignons · 1 kleine Zwiebel · 1 Knoblauchzehe · 1 rote Paprikaschote
Pro Person etwa 400 kJ/95 kcal
3 g Eiweiß · 8 g Fett · 3 g Kohlenhydrate · 3 g Ballaststoffe

Zubereitungszeit: etwa 25 Minuten

● Für die Sauce den Obstessig, die Sojasauce, das Salz, den Honig oder das Zuckerrohrgranulat, den Majoran und Pfeffer in einer großen Schüssel mit einem Schneebesen gut verschlagen.
● Das Olivenöl hinzufügen und rühren, bis die Sauce leicht cremig ist.
● Das Abschmecken nicht vergessen.
● Für den Salat die Champignons unter kaltem Wasser abbrausen, Schmutzteilchen mit einer weichen Bürste entfernen und eventuell vorhandene braune Stellen herausschneiden. Die Champignons in feine Scheiben schneiden. Die Zwiebel schälen und fein würfeln. Die Knoblauchzehe schälen, in kleine Stücke schneiden und mit einer Messerklinge zerdrücken. Die Paprikaschote gründlich waschen, längs halbieren, die Stielansätze herausschneiden, die Kerne und Trennhäute entfernen. Die Paprikahälften in schmale Streifen schneiden, dann würfeln.
● Alle Salatzutaten zur Sauce geben und vorsichtig untermengen.

Grüne Nudeln in Senfsauce für Eilige

Die Nudeln brauchen etwa 8 Minuten zum Garen. Und genau in dieser Zeit ist auch die leckere Senfsauce fertig. Werde nicht nervös, wenn die Zubereitung der Sauce 1–2 Minuten länger dauert, Vollkornnudeln sind robust und halten es auch noch einen kleinen Augenblick länger im heißen Wasser aus.

Zutaten für 4 Personen:
1½ l Wasser · ½ Teel. Salz · 1 Eßl. kaltgepreßtes, nicht raffiniertes Sonnenblumenöl · 250 g Vollkorn-Spinatnudeln
Für die Sauce:
1 kleine Zwiebel · 1 Eßl. Butter (20 g) · 3 gehäufte Eßl. Weizenvollkornmehl · ¼ l Wasser · ¼ l Milch · 1 gehäufter Teel. gekörnte Gemüsebrühe · 2 Eßl. mittelscharfer Senf · 1 Eßl. Zitronensaft · einige Prisen Salz · weißer oder schwarzer Pfeffer, frisch gemahlen
Zum Bestreuen: 4 Eßl. Sonnenblumenkerne
Pro Person etwa 1700 kJ/400 kcal
16 g Eiweiß · 15 g Fett · 51 g Kohlenhydrate · 7 g Ballaststoffe

Zubereitungszeit: etwa 15 Minuten

● Das Wasser mit dem Salz und dem Sonnenblumenöl im geschlossenen Kochtopf zum Kochen bringen.
● Die Nudeln hineingeben, umrühren und zugedeckt etwa 8 Minuten garen.
● Nach der Garzeit die Nudeln in ein Sieb schütten und abtropfen lassen.
● Während die Nudeln garen, bereitest du die Sauce.
● Die Zwiebel schälen und würfeln.
● Die Butter in einem kleinen Kochtopf zerlassen und die Zwiebel darin glasig dünsten.

• Das Weizenvollkornmehl hinzufügen und unter Rühren etwas anbräunen.

• Das Wasser und die Milch dazugießen und die gekörnte Gemüsebrühe dazugeben. Mit einem Schneebesen kräftig durchschlagen. Die Sauce unter ständigem Rühren etwa 2 Minuten bei schwacher Hitze kochen. Vorsicht, sie brennt leicht an!

• Die Sauce vom Herd nehmen. Den Senf und den Zitronensaft unterrühren. Mit dem Salz und Pfeffer abschmecken.

• Die Sauce zu den abgetropften Vollkornnudeln reichen.

• Jede Portion mit Sonnenblumenkernen bestreuen.

Schokoquark mit Zartbittergitter

Zutaten für 4 Personen:
Für den Schokoquark:
300 g Quark · 3–4 Eßl. flüssiger Honig oder Zuckerrohrgranulat · 3 gestrichene Eßl. Kakaopulver · 2 Messerspitzen gemahlener Zimt · ½ Teel. Vanillepulver · 100 g Sahne oder Milch
Für das Zartbittergitter:
½ Tafel Zartbitterschokolade · 1 Teel. kaltgepreßtes nicht raffiniertes Sonnenblumenöl
Pro Person etwa 1400 kJ/330 kcal
11 g Eiweiß · 22 g Fett · 21 g Kohlenhydrate · 0 g Ballaststoffe

Zubereitungszeit: etwa 15 Minuten

• Den Quark in eine große Schüssel geben und mit dem Honig oder dem Zuckerrohrgranulat, dem Kakao, dem Zimt, dem Vanillepulver und der Sahne oder der Milch zu einer glatten Creme verrühren.

• Den Quark auf vier Portionsschälchen verteilen.

• Für das Zartbittergitter einen kleinen Kochtopf² halb mit Wasser füllen und das Wasser aufkochen.

• Eine kleine stabile Schüssel suchen, die genau in diesen Kochtopf paßt und auf das kochende Wasser setzen. Das ist ein Wasserbad!

• Die Temperatur herunterschalten.

• Die Schokolade grob zerkleinern und mit dem Sonnenblumenöl in die kleine Schüssel auf dem Wasserbad geben. So lange rühren, bis alles geschmolzen ist.

• Die Schokolade mit einem Eßlöffel wie ein Gitter oder in wilden Mustern über dem Quark verteilen.

• Die Schokolade wird auf dem kalten Quark sofort wieder fest. Aber es ist garantiert ein eßbares Gitter!

Rezept- und Sachregister

Kursiv gesetzte Seitenzahlen verweisen auf Farbbilder.

Rezept- und Sachregister

Die Erfolgsbücher der Vollwertküche.

Vollwertiges für Ernährungsbewußte, köstliche und gesunde Rezepte für jeden Tag.
Interessante, unkomplizierte Rezepte, die leicht gelingen, mit Zutaten, die überall zu bekommen sind.

Jeder Band mit 104 Seiten, 20–25 Farbfotos und vielen Zeichnungen. Paperback.

Das zeichnet die Reihe aus:
• Abwechslungsreiche Rezeptvielfalt durch Autoren, die seit Jahren anerkannte Experten sind.
• Neben traditionellen Themen wie „Aufläufe" oder „Rohkost" auch Trend-Themen wie „Soja" oder „Hülsenfrüchte" oder pfiffige Themen wie „Jugend kocht vollwertig".
• Mit wichtigen Zusatzinformationen der verwendeten Zutaten, zur Vollwert-Ernährung oder zur Kochtechnik.

… und weitere Themenbücher dieser Reihe:
• Aufläufe • Gemüse
• Vorratshaltung • Rohkost
• Vollkornbrote • Soja, und …

 GRÄFE UND UNZER

Rezept- und Sachregister

Die wichtigsten Zutaten der Voll- ▷
wertküche (von oben links nach
rechts unten): Sesamsamen,
Rosinen, Carob, Vanillestangen,
Cashewkerne, Muskatnüsse und
Koriander, Gewürznelken, Carda-
momkapseln, Zuckerrohrgranulat,
Zimtstangen, Pimentkörner, Anis-
samen, Sojasauce, Ingwerwurzel,
Hirse, Wilder Reis, Kichererbsen,
Roggen, Buchweizen, Hafer und
Weizen. Nachlesen kannst du ab
Seite 6.